인생을
배우다

소소한 일상에서,
사람의 온기에서,
시인의 농담에서

인생을 배우다

전영애
지음

청림출판

일러두기

- 이 책은 《인생을 배우다》(2014)의 개정판입니다.
- 본문 내 사용된 사진 중 저작권이 표기된 부분은 이연희 작가의 사진이며 저작권 표기가 없는 사진들은 언스플래시(Unsplash)와 셔터스톡(Shutterstock) 내 작품을 사용했습니다.
- 이 책에 실은 저자의 글과 이연희 작가의 사진에 대한 무단 복제 및 전재를 금합니다.

한 그루의 나무가 모여 푸른 숲을 이루듯이
청림의 책들은 삶을 풍요롭게 합니다.

맑은 사람들을 위하여

후학을 위하여

시詩를 위하여

개정판에 부치는 글

많은 책을 쓰고 펴냈지만 — 주로 역서, 연구서였을 뿐 — 수필집 형식의 책은 이 책이 처음이었다. 여백서원을 짓게 되면서, 요즘 세상에 난데없이 서원이라는 집을 짓는 뜻을 한번쯤 적어두어야 할 것 같았다. 누구나 여백을 찾아오지는 못할 것이고, 온다 한들 긴긴 이야기를 다 들을 수야 없으므로. 무슨 보고서 같은 걸 쓸 생각은 아니었고, 나의 고단한 발걸음이 왜 여기에, 서원이라는 오래된, 그러나 공부와 사색을 위한 새로운 공동체 공간에 와 닿았는지, 살아온 이야기를 통하여 간접적으로 해보고 싶었다. 살아온 이야기야 어찌 다 하겠는가. 그저 편편 조각일 뿐. 그러나 작은 편린 하나에도 조금씩은 어려 있으리라고 생각한다, 살고 사랑하고 애쓰고 애태우고 힘 쏟았던 것들이.

　깊이나 높이까지야 내가 알 수 없지만, 나의 삶의 외연만은 많이 넓혀졌다. 첫 학교에 가자고 하루 근 삼십 리는 종종걸음을 쳐야 했던 산골마을에서, ― 여행가도 아니고 어디 한 번 놀러 간 적도 없건만 ― 출입국 도장으로 다 채워져가는 다섯 번째 여권 이야기를 자주 할 만큼 말이다. 그렇게 넓혀진 세상 어느 아득한 어름에서 어쩌다 하나씩 주워 들었던 작은 조약돌 같은 이야기들을 조금 모아 보았다.

　이런 생각들이 모이다 보니 조약돌 탑처럼 여백서원이 세워졌고, 서원이라 하여 의고적인 것에 머물 수 없다 보니 여백서원은 지금 괴테마을이라는 또 하나의 글로벌한 공동체를 위한 기획으로 확장되어가고 있는 중이다.

　이 오래된 책이 새 모습으로 다시 나온다니 기쁘다. 첫 책이 나온 지 꼭 십 년이 지났고 그 사이 많은 일이 있었지만, 무얼 더 보태기는 어려웠다. 그냥 그 자체로 완결된 한 시절의 이야기이고 지금도 그대로 유효해 보인다. 나중에도 그럴 것 같다.

2025년 여백서원에서
전영애

프롤로그

인생에서
가장 소중한 것

그토록 따뜻한 분들을 처음 만났던 건, 괴테 탄생 250주년이던 해 여름, 독일 뒤셀도르프에서 열린 기념 학회에서였다. 바이마르 괴테학회의 재정 감사였던 홀레 씨는 사람들을 아끼고 인연을 중히 여기는 분이었다. 그때의 인연을 시작으로 나는 시간이 허락하는 대로 홀레 씨를 찾아뵈었다.

    몇 해 전 성탄절 무렵, 나는 그 댁을 찾아 격식을 갖춘 식탁에서 홀레 씨 내외와 함께 식사를 했다. 편찮으시다는 이야기를 들었는데, 홀레 씨는 그날 평소와 다름없이, 아니 더욱 단정하게 정장을 하고 식탁에 앉아 이런저런 이야기를 하며 식사를 마치셨다. 후식을 들 차례가 되었는데 정중하게 아주 미안해하며, 먼저 자리에서 일어나셨다. 많이 불편하신가 보다 걱정을 하면서도 나는 하던 식사를 마저 하고 떠났다. 그런데 나중에 들으니 당시 홀레 씨는 식사 자리에서 곧바로 병원으로 이송되어 심폐기를 달아야 하는 상태였다고 한다. 며칠 뒤 그는 세상을 떠나셨다. 마지막 문턱에서 어찌 그리 꼿꼿하셨을까. 그런 위중한 상태로 아무 일 없다는 듯 손님과 정중하게 이야기를 나누며 식사의 메인 코스를 마치신 것이다.

서울의 학교로 돌아오니, 책 200여 권이 담긴 상자들이 항공우편으로 도착해 연구실에 높이 쌓여 있었다. 나는 말을 잃었다. 홀레 씨가 임종을 앞두고 정리를 해서 보내신 것이다. 내가 괴테 공부를 한다고 괴테의 《서·동 시집》 초판본(1819년), 《파우스트》 희귀본을 이미 전해 주셨는데, 이제 그와 같은, 그 가치를 평가조차 할 수 없는 귀중본들이 담긴 상자들이 또 온 것이었다. 다들 훌륭한 사회인들인 당신 자녀들도 있는데 홀레 씨는 가장 귀중한 책들을 내게로 보내셨다. 그 책들을 누구에게 보내야 가장 귀하게 읽히고 잘 보관될 것인가를 많이 생각하신 것 같았다.

홀레 씨 내외가 평생 보살핀 사람이 먼 극동에서 온 조그만 독문학자 한 명뿐이겠는가. 그 댁에 머물던 때, 그 집에 쌓인 수많은 편지를 보고 여러 일화를 들으면서 그의 생애가 얼마나 아름다워 보였던지.

나는 홀레 씨 말고도 아름다운 삶의 모습을 보여준 사람들을 여럿 만났다.

　중한 병에 걸려 죽어가고 있으면서도 삶의 마지막 순간까지 나를 배려해주었던 친구 에리카. 그녀는 아름다운 글라디올러스 밭을 내게 보여주려고 아픈 몸을 이끌고 온 힘을 다해 걸었다. 그리고 꽃을 지고 가는 내 뒷모습을 사진으로 찍어 선물로 보내주었다. 그 자신은 골수암 말기 환자로 며칠을 더 살 수 있을지 알 수 없는 형편이었다. 무엇일까, 삶의 마지막 문턱 앞에서 다른 사람에게 그런 초인적인 배려와 아름다움을 부여한 힘은.

　음악 공부를 하고 싶어 하던 딸에게 마라톤을 시킨 어머니. 하나뿐인 자식이 음악을 하겠다고 했을 때 시류에 따른 고액의 음악 사교육을 감당할 형편이 아니었을 병 깊은 어머니는 딸에게 세상을 헤쳐갈 힘을 길러주기 위해 마라톤을 시켰다. 세상을 떠날 어머니가 딸에게 길러주고 싶었던 것이 마라톤 기술일 리 없다. 머지않아 자기처럼 엄마 없이 살아야 할 딸에게, 이 험한 세상에서 어떻게든 스스로 두 발로 서서 삶을 헤쳐가 달라는 간곡한 당부였고, 아무런 힘도 없는 엄마가 해줄 수 있었던 마지막 선물이었을 것이다. 그 딸은 마라톤을 하던 힘으로 빛나는 음악인이 되어 지금 전 세계로 연주 여행을 다니고 있다.

　삶 자체로 기쁨이고 선물인 사람들. 그런 사람들이 이 세상에 있다는 사실만으로 얼마나 든든한지. 그들의 아름다운 삶을 전하고 싶은 욕심, 어쩌면 그것이 이 책의 시작이었을지도.

작년 여름, 나는 네 번째 여권을 발급받았다. 여권 셋을 가득 메워 찍힌 출입국 도장들. 그 수만큼이나 뭔가를 좀 배워 보겠다고 부단히도 넓은 땅 위를 오락가락했다. 관광을 가본 적은 없다. 조금 형편이 나아졌을 때, 배울 기회다 싶으면 그 절박함에만 쫓겨 앞뒤 재지 않고 어디든 달려갔고, 그러다 보니 불려 다니게도 되고, 어떤 때는 과분한 초청도 받았다. 예컨대 지난 5년간 학기 중에는 우리나라 서울에서, 방학 중에는 독일 프라이부르크 고등연구원에서 근무했다. 하고 싶던 공부를 드디어 원도 한도 없이 할 수 있게 된 감사한 기회였다. 물론 세상에 거저 되는 일이 있을 리 없고, 해서 살인적으로 살았다. 어느 곳에서나 2, 3개월 동안 한 학기 일을 했다. (그 5, 6년 동안 국내에서 다섯 권, 독일에서 네 권의 책이 잇달아 나왔다. 한 권 한 권이 내게는 필생의 역저라고 불러도 좋은 것이었다.)

무슨 능력이 있었던 것이 아니다. 30년 가까이 대학에서 학생들을 가르치고 있지만, 젊은 시절 나는 내가 대학에서 학생들을 가르치게 되리라고 꿈에도 생각한 적이 없었다. 그저 무얼 좀 배우고 싶었고, 그냥 무슨 수 쓰지 않고 내가 바르다고 생각하는 대로 살아보고 싶었다.

한편으로는 세상이 무법천지 같아 살아가기 막막하고, 무슨 수든 쓰지 않고는 못 살 듯하지만, 살아보니 바르다고 생각하는 대로 살아도 살아진다. 남을 배려하고 격려하며 살면, 조금 더 잘 살아진다. 쓸데없는 계산하느라, 남들과 비교하느라 힘과 시간을 허비하지 않으면 제법 많은 것을 이룰 수 있기도 하다. 내가 거쳐 온 시간이, 내가 만난 아름다운 사람들이, 그것을 깨닫게 했다.

나같이 세상사에 서툰 사람도 이제 돌아보니, 힘을 모으면 무얼 조금은 이룰 수 있었다. 근년에는 서원書院을 하나 지었다. 물론 돈이 있거나 해서 한 일은 아니다. 주변에서 돕고 하늘이 도왔다. 그 여백서원에 기와를 얹어 보관하고 싶은 귀중한 글들이 있다.

내 어머니가 읽으신 책. 반가에서 태어나 학교 문턱에도 못 가셨고, 말할 수 없는 고난의 생애를 사시면서도, 책만 보면 일일이 한지에다 필사를 하여 그것이 낱장이 되어 흩어지도록 읽어 다 외우셨던 어머니의 그 간절한 필사본들을 젊은 사람들에게 보여주고 싶다. 책이 그토록 귀하게 읽혔던 전통을 알려주고 싶다.

또 나의 시 선생님이신 라이너 쿤체 시인의 책들, 내 작은 집 팩스로 부쳐주신 수백 통의 가르침이 담긴 편지들, 내 수업을 듣는 학생들이 한 학기가 끝날 때면 어김없이 정성껏 만들어내는 책들, 그들이 세상에 나가서 만들어 오는 책들, 언젠가 몸져누운 내게 열한 살 딸이 쓴 편지("저는 어머니께서 어려운 일도 맡은 일이라면 건강도 잊고 열심히 하시는 것을 여러 번 보았지요. 그 이유가 무엇인지 아세요? 바로 어머니 마음속의 시, 바로 좋은 착한 마음 때문이에요."). 어떤 사람들에게는 그저 종이일 수도 있는 그 많은 귀한 것들을 간수할 곳이 필요했다.

"맑은 사람들을 위하여, 후학을 위하여, 시詩를 위하여"
그것이 맑은 사람들의 집, 여백서원의 모토이다.

여백서원에 담은 마음과 이 책에 담은 마음은 크게 다르지 않다. 내 제자들에게, 제자들과 같은 젊은이들에게, 또 그런 맑은 분들에게 드리고 싶은 이야기들을 여기에 적어보았다. 예전에 쓴 글이 몇 편 들어가기는 했지만 그저 모은 낱 글은 아니다. 이 책에 모인 것은, 삶과 글 사이 두 세계를 넘나들면서, 독일과 한국을 자주 왕래하면서, 무엇보다 삶의 한 모퉁이를 돌아서면서 마음을 스쳐간 것들을 적은 조각 글들이다. 나 자신을 닦으며, 또 온 땅덩이를 오가며 내 마음을 스쳐갔던, 전하고 싶은 생각들을 편안히 적었다.

작은 쪽지를 유리병에 담아 망망대해에 띄워보는 심경이다. 누구에겐가 가닿을 수 있을까. 그러기 어렵다는 것을 알지만, 그래도 이 쪽지 같은 글을 쓰며 내 나름으로 깨친 작은 삶의 지혜들이, 귀한 사람들의 마음의 해안에 가닿았으면 좋겠다.

내가 사랑하는 이들에게, 바른 삶으로 내게 세상에 대한 신뢰를 심어주는 모든 분들께 감사하며 이 책을 드린다.

차례

개정판에 부치는 글   006

프롤로그   인생에서 가장 소중한 것   008

1장。
인생을 배운 찰나의 순간들

그런 한순간이 있었다는 사실만으로   020
시골 아이들을 위한 작은 음악회   026
헤벨의 〈세 가지 소원〉   032
"괜찮아요, 제 일인걸요."   038
회사원 같은 아이   043
물살을, 삶을 헤치는 법   048
삶의 기본 중의 기본   054
아들의 빈손에 들려 있던 맥주 캔 하나   061
아버지처럼   066
그래도 한 사람은 살아야 한다고 할 때   070

◦ 2장
몹시도 귀한 것, 가장 귀한 것

글라디올러스를 등에 지고 076
어리석은 채로 셈이 안 되는 채로 081
토리노 포 강변의 할아버지 088
아들의 식당 094
은인을 찾습니다 099
열네 번을 여닫아야 하는 문 103
손안에서 피어나는 꽃 109
"아이 캄 프롬 제르마니" 114
하느님의 AS 120
선물 125
도나우 강변에 지어두고 온 '시정詩亭' 132

3장 ◦
한 삶으로부터

문학은 사람을 만듭니다 140
아름다운 사치 145

몸 가볍게 떠나신 아버지　152
삶이란 나만의 자서전을 만드는 일　156
레게머리 지원이　162
세상에서 제일 고운 신부 선영이　167
니나에게 배운 것　171
너는 거기 낮은 곳에　175
사랑을 통해서만　179
은행잎 쿠키, 4대에 걸친 우정　184
차마 잠든 딸을 깨우지 못하고　189

◦ 4장
시를 굽는 사람들

시를 쓰지 않을 순 없었다　196
맑은 사람들을 위한 집 '여백서원'　200
카프카와 소정이의 악보　204
딸에게 마라톤을 시킨 어머니　210
그 침대　216
꼿꼿하신 내 시詩의 선생님　220

존댓말의 힘 226
화가가 못 되었다 232
오작교 자리 내 자리 236
눈에 힘! 주고 242

5장 ○
사랑이 우리를 살린다

반 뼘을 둔 셈질 250
왜 책을 읽어야 하지요? 255
그보다 더 중요한 것 260
사랑도 예금 잔액처럼 아껴 써야 266
사랑하는 젊은이들에게 _주례의 말 270
나무 고아원 277
밥 하나 제대로 먹지 못하게 되었으면서 280
내가 믿는 것 284
색동꼬리연 290
달맞이꽃 핀 밤 296

1장

인생을 배운
찰나의 순간들

그런 한순간이
있었다는 사실만으로

프란츠 카프카는 인간의 고독과 불안을 자신만의 문체에 담아낸 작가이다. 그의 삶 역시 그의 문학처럼 어두운 고독과 불안, 망설임 그 자체였지만, 그에게도 임종 직전 잠깐 비친 햇살 같은 행복한 몇 달이 있었다.

41회 생일을 한 달 앞두고 임종하기까지 1923년 겨울을 그는 도라 디아만트라는 지순한 젊은 여성의 보살핌 가운데서 보냈다. 제1차 세계대전이 끝나고 독일에서 천문학적인 인플레가 벌어졌던 겨울이었다. 제대로 먹지도 못한 채 결핵을 앓아야 했고, 불을 켜고 글을 쓸 석유램프도 아쉬웠던 참으로 가난한 행복, 그것이 카프카가 누린 짧은 행복이었다.

다음 해 결핵요양원으로 실려 간 그는 도라가 지켜보는 가운데 생을 마감했다. 그가 죽기 전에 남긴 부탁은 자신의 모든 원고를 남김없이 불태우라는 것이었다.

카프카가 마지막으로 사랑했던 여인 도라, 유대인이었던 탓에 기구한 인생을 살다 1952년에 죽은 그녀의 생애가 몇 년 전에야 처음으로 알려져 독일에서 관심을 모았다. 그렇게 알려진 이야기 가운데 이런 내용이 있다.

카프카가 도라와 함께 지내던 시절, 그는 동네 공원을 산책하다가 어린 소녀 하나가 슬피 우는 모습을 보았다. 아끼던 인형을 잃은 것이었다. 한참을 물끄러미 지켜보던 카프카가 다가가서 말했다.

"네 인형은 말이야, 그냥 여행을 떠난 거란다."

놀라 쳐다보는 소녀에게 카프카가 덧붙였다.

"나한테 편지를 보내서 그렇게 말하던걸."

"잘 있대요? 편지는 어디 있죠?"

"편지를 마침 집에 두고 왔구나. 내일 다시 여기로 오면 내가 가져다주마."

그날 밤 카프카는 인형의 편지를 썼다. 다음 날 같은 자리로 가서 아직 글을 못 읽는 소녀에게 그 편지를 읽어주었다. 3주일이 넘게 이 만남은 계속되었다. 인형이 사랑에 빠지고, 약혼식을 하고, 결혼식을 하고, 신혼살림을 꾸리고, 마침내 소녀에게 다시 만나기가 어렵게 된 데에 이해를 구하는 것으로 편지는 마무리되었다.

목숨이 소진해가는 세기의 작가가 한 소녀를 위하여 쓴 30여 통의 인형 편지들. 언젠가 내가 베를린에 갔을 때, 한 미국인 카프카 연구가는 80여 년 전에 쓰였다는 그 편지를 찾아 베를린을 헤매고 있었다. 그러나 어수선한 한 시절을 넘으며 전쟁으로 폐허가 되기도 했던 대도시 어느 귀퉁이에 그 옛날 소녀가 살아 있어 여태 보관하고 있던 종잇장들을 내어주겠는가. 아름답지만 하도 허황해서 가볍게 읽었던 그 기사가 이상하게도 요즘 시간이 흐르면서 자주 떠오른다.

카프카는 수많은 편지와 일기를 남겼다. 군더더기 없이 정제된 그의 문학작품 못지않은 밀도를 지닌 글들이다. 모두 나름의 아름다움과 진가가 있다. 하지만 찾아질 리 없는 그 인형 편지가 아마도 가장 아름다운 편지가 아니었을까 하는 생각이 든다. 이 세상에 그런 '한순간'이 있었다는 사실 자체만으로도 얼마나 위로가 되는가.

인간의 고통에 눈 밝기에 거짓말인 그런 글을 쓰는 황당한 사람 한 명이, 또 그런 글과 그런 인간이 소중한 줄 알기에 몇 장의 종잇장을 찾아 헤매는 황당한 사람 한 명이 이 삭막한 세상에 빛을 밝힌다. 허구로써 현실을 감내해보려는 것, 그것이 문학의 진면목이 아닐까 싶다. 또 그런 것의 소중함을 일깨우는 것이 인문학의 진면목일 것이다.

물론 문학시장이라는 난장亂場 너머의 이야기이다. 그리고 종잇장을 찾아 헤매는 이득 없는 일에 연구비까지 대는 한 사회의 정신적 여유 속에서 빛날 수 있는 이야기이다.

세상은 이런 미친 짓으로 잠시 빛나는 게 아닐까.

인간의 고통에 눈 밝기에
거짓말인 그런 글을 쓰는 황당한 사람 한 명이,
또 그런 글과 그런 인간이 소중한 줄 알기에
몇 장의 종잇장을 찾아 헤매는
황당한 사람 한 명이
이 삭막한 세상에 빛을 밝힌다.

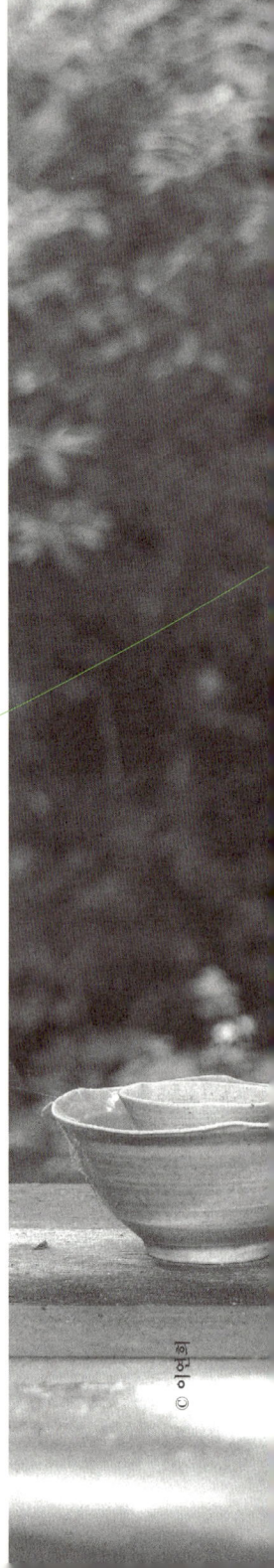

시골 아이들을 위한 작은 음악회

젊은 날 전망이라곤 없고 만사가 힘겨워 절절 매면서 살았던 것 같은데, 그 와중에서도 아이들은 커갔고 그러다 보니 나도 확실한 직장까지 갖게 되었다. 그것도 남 보기에는 아주 그럴 듯한 직장을 말이다. 뒤늦게 취직을 하여 내 연구실까지 생겼다. 감사한 마음이 컸지만 치러야 할 '방값' 역시 만만치 않았다. 해야 하는 일은 어느 것 하나 수월하지 않았다. 내 공부도 절대로 대충 할 수 없지만 학생들을 가르치는 직업이니 그 어떤 경우에도 힘과 마음을 모두 다 쏟을 수밖에 없었다.

한 스무 해가 그렇게 가고 났을 때, 나는 몹시 피폐해 있었다. 무엇보다 내 글을 쓸 수 없어서, 도무지 그럴 여유가 없어서 황폐해 있었다. 더 버틸 힘이 남아 있지 않았다. 어쩌다 기회가 있을 때면 탄식 겸 소망을 이렇게 말하곤 했다. 내 글을 쓸 수 있는 오두막이 하나 있었으면, 개집만 한 것이라도, 드러누울 수는 없더라도 소반 놓고 쪼그리고 앉아 오로지 나를 위한 글만 쓸 수 있는 곳이 있었으면 하고 말이다. 그토록 나만을 위한 공간이 절실하게 필요했다.

그런데 누군가가 고맙게도 그 말을 귀담아 듣고 시골 마을의 폐가 한 채를 찾아주었다. 그 오두막, 정확히는 열 집도 채 살지 않는 작은 마을의 낡은 빈 집은 이제 10년째 아주 내 집이 되었다. (서울 직장 근처에는 작은 셋집을 얻어 매일 장거리 통근을 하는 수고를 면했다.)

땅도 집도 나의 소유는 아니지만, 글 쓸 곳을 가지게 되었을 때 나는 너무도 기쁘고 감사해서 이 작은 마을을 위해서 무언가를 하고 싶었다. 어린이들에게 시를 읽어주고 싶었다. 그러나 느닷없이 시를 읽어주겠다고 나서면 얼마나 낯설까. 조금은 개념이 있는 음악회를 먼저 하기로 했다. 텔레비전과 동네 스피커에서 나오는 유행가 말고도 세상에는 훨씬 더 고운 음악이 있다는 것을 알게 하고 싶었다. 그러다 시를 읽고 책을 읽는 모임이 되었으면 했다. 마을에 아이들은 적었지만, 그래서 더 소중했다.

마침 건너편 마을에 소박한 화가 부부가 운영하는 작지만 고운 카페 하나가 있었다. 그러나 음악회를 하자면 그 카페에 피아노나 적어도 풍금은 한 대 있어야 했다. 어쩌나 하고 있던 참에 우연히 들른 성악가 조병욱 선생님이 중고 피아노 한 대를 구해서 보내오셨다. 그래서 음악회를 하게 되었다. 가끔은 거기서 시를 읽는 일도 있었다.

음악회를 오래 하지는 못했다. 자원봉사자들이 번번이 멀리 서울에서 와야 했으니 너무 미안했고, 무엇보다 그 음악을 들을 아이들이 너무 적었다. 그때 마을에 어린이는 두 명, 중학생이 한 명 있었다. 카페 집의 아이들 두 명을 합해도 모두 다섯뿐이었다. 그 적은 아이들마저 곧 대학입시가 닥치거나 차츰 서울 아이들 못지않게 이것저것 배우러 다니느라 바빠졌다. 무엇보다 그 귀한 피아노가 있던 고운 카페가 문을 닫고 떠나야 하는 형편이 되어버렸다.

그러나 그 시절 음악회의 아름다운 기억은 나에게도, 마을 아이들에게도, 또 다른 이들에게도 남아 있다. 얼마 전 블로그에서 우연히 그때 그 음악회에 왔던 한 제자가 올린 글과 마주쳐 그 시절이 더욱 선명하게 마음에 되살아났다. 그 글을 쓴 이가 보았던 것은, 우선 거기에 봉사하러 왔던 사람들과 그들의 연주 모습이었다.

선생님의 작은 집 근처의 그 작은 시골 카페에서 멋진 클래식 음악을 연주하는 사람들을 보고 (……) 혼자 감탄을 하고 있었는데 실은 그 연주자들이 독일어를 배우는 의대생들인 것을 알고 더 깜짝 놀란 적이 있었습니다. 전문 연주자도 아닌 사람들이 그토록 멋진 연주를 하고 있었던 것입니다. 그런데 그중 정말 빼어나게 피아노 연주를 하는 여학생이 있었습니다. 알고 보니 진짜 음악 전공 학생으로 독일 유학 중 잠시 선생님을 뵈러 온 김에 작은 음악회에 합류하게 된 것입니다. 정말 혼신의 열과 성을 다해 연주를 했습니다.

음악을 잘 모르는 나도, 클래식 피아노 연주를 처음 듣는 시골 동네 아이들도 모두 우레와 같은 박수를 쳤습니다. 연주를 마친 뒤 그 연주자가 말했습니다.

"여러분 감사합니다. 저는 지금 진짜로 최선을 다해 연주했습니다. 저는 어린 시절, 어떤 피아노 연주자가 정말로 멋지고 아름답게 연주하는 것을 보고 피아니스트가 되기로 결심했습니다. 마찬가지로 지금 이 자리에 미래의 위대한 피아노 연주자가 있을지도 모릅니다. 그런데 어떻게 제가 가볍고 쉽게 연주할 수 있겠습니까?"

나는 지금도 그 연주자가 잊히지 않습니다.

누군가 대단한 사람들에게 보여주기 위해, 세상의 인정을 받기 위해서가 아니라 오로지 그 한 줌 보잘것없는 청중을 위해서 그토록 혼신의 힘을 쏟던 모습이 어떻게 잊히겠는가. 내가 세상에서 가장 아름답게 느끼는 사람의 모습 중 하나이다.

블로그에 글을 썼던 사람도 바로 그것이 자기 스스로에게 다짐하는 업무 자세라면서, 지금 자기를 쳐다보고 배우는 사람도 있을 텐데 "어떻게 대강대강 일을 할 수 있겠습니까?"라는 물음으로 글을 맺고 있었다.

그 다짐의 말은 내가 늘 마음속으로 하는 말이기도 하다. 같은 이유에서 나 역시 평생 단 한 번도 대강대강 수업을 할 수 없었기 때문이다. 수십 년을 교단에 섰건만 나는 아직도 강의실에 들어서기 전까지 늘 떤다. 그 다짐의 말 때문이다. 그런 말을 제자를 통하여 또 다른 제자를 통하여 메아리로 다시 새겨듣는 기쁨은 말할 수 없이 컸다.

그 열정적인 피아니스트는 독일에서 연주와 작곡 공부를 마치고 돌아와 이제 나와 같은 학교에서 강의를 하는 동료가 되어 있다. 그때의 그 멋진 의대생들 중의 하나와 자기들 말로 고된 연애 끝에 ― 요즘 세상에서 8년을, 그것도 독일과 한국에 나뉘어서 각자 하는 일에 끝없이 매인 채 사귀기가 쉽기만 했겠는가 ― 결혼을 했다.

얼마 전에 이 부부는 아들을 데리고 다시 내 시골집을 찾아왔었다. 엄마 아빠를 빼닮은 아이가 얼마나 예쁘고 영특하던지. 견실하고 견고한 사랑으로 쌓은 한 가정의 아름다운 모습이, 그들이 다녀가고 나서도 오래도록 내 눈앞에 어른거렸다.

눈을 반짝이며 그 음악회에 왔던 마을의 어린이들은 지금도 내 친구이다. 아주 잘 컸다. 꼭 시골 학교 선생님이 되겠다던 친구는 금년에 좋은 대학교에 들어갔다. 둘은 시내로 이사를 갔고, 다른 아이들도 차츰 대학 생각을 하며 공부하고 있으니 그 애들마저 대학에 가서 떠나버리고 나면 마을 분위기는 많이 달라질 것이다. 그 애들이 마을 지킴이가 되기를 바라지만, 이 마을에 없더라도, 그 애들은 세상 어딘가에 있을 것이다.

고운 마음으로 그 작은 마을까지 와서 음악회를 빛내준 이가 그 피아니스트 한 사람뿐이겠는가. 그들 모두가 나뿐만 아니라 내 마을의 꼬마 친구들의 기억 속에 별처럼 남아 있을 것이다. 그들이야말로 빛나는 별이다. 별을 마음에 간직한 사람들도 빛나는 사람이 될 것이다.

그런 별들을 하나씩이라도 기억에 품은 우리는, 우리가 몰라서 그렇지 다 조금씩 빛나고 있는 것 아닐까.

헤벨의
〈세 가지 소원〉

아이들이 아직 어렸을 때, 아이들 키우는 일 말고도 참 많은 일을 함께 해야 해서 늘 내 몸이 여러 개였으면 했다. 그래도 내가 소홀히 하지 않은 것은 아이들에게 책을 읽어주는 일이었다. 틈이 나는 대로 함께 책을 읽었고, 아이들이 잠들기 전에는 꼭 책을 읽어주었다.

    내가 그 이야기를 하는 것은, 아이들에게 책을 읽어준 시간이 나에게도 가장 행복한 시간이었기 때문이다. 아이들에게 읽어주었던 아이들이 좋아했던 이야기들은 지금껏 나에게조차 그 영향력을 행사하고 있다.

    아직도 무슨 일인가가 죄다 틀어져 주저앉고만 싶을 때는 그 옛날 아이들 책에서 보았던 말이 떠오르곤 한다. 힘껏 지어 놓은 둥지가 부서져 울고 있는 엄마 새를 아빠 새가 위로하며 했던 말, "괜찮아, 부서진 둥지는 다시 지으면 되잖아." 세상의 그 많고 많은 책 가운데서 그 말이 떠오르는 것은 아직 글을 못 읽는 어린 아들이 아빠 새를 흉내 내며 한껏 의젓한 억양으로 "괜찮아, 부서진 둥지는 다시 지으면 되잖아" 하던 목소리가 고스란히 함께 들리기 때문이다.

그러다 아이들이 저절로 글씨를 읽어 혼자서 책을 읽기 시작했을 때 나는 그 애들을 위한 동화를 몇 권 번역했다. 책 하나를 다 번역하기도 하고, 이야기들을 모아서 내가 만들기도 했다. 샘터출판사에서 나왔던 《장화 신은 고양이》가 그런 책인데, 그 동화집을 엮으면서 내가 염두에 두었던 것은 세상을 헤쳐나가는 용기와 슬기였다. 내 아이들에게 들려주고 싶은 이야기였다.

그 동화집 속의 한 편이 〈세 가지 소원〉이다. 많은 사람이 알고 있는 이야기이다. 어떤 노부부에게 천사가 나타나 세 가지 소원을 물었는데 암만 생각해도 세 가지만 말하기 어려워 궁리를 거듭하다가 할아버지가 그만 자기도 모르게 소시지 하나 먹었으면 했다는 이야기 말이다. 그러자 소시지가 뚝 떨어졌고, 그 귀한 기회 하나를 탕진한 할아버지 때문에 할머니는 화가 나서 "이놈의 소시지 당신 코에나 붙어버려라" 하고 외쳤다. 그래서 그것이 두 번째 소원이 되어버리고 세 번째 소원은 별 수 없이 코에 붙은 소시지를 다시 떼는 이야기. 천사가 나타나서 소원을 물어주기까지 해도 사람은 그리 어리석다. 조절 안 되는 욕심 때문에 더 어리석어진다.

내가 아이들을 위해서 옮긴 이야기들에 〈세 가지 소원〉을 넣은 것은 헤벨이라는 작가가 매우 현명하게 이야기 끝에다 정답을 달아놓았기 때문이다. 정말이지 생각할수록 정답이어서 누구든 이 글을 읽는 이는 잠시 멈추고 스스로 정답을 한번 찾아보기 바란다. 얼른 세 가지 소원을 말하기가 쉽질 않아서 노부부의 고충도 좀 이해가 되고, 자신이 겨우 찾은 답을 정답과 비교해볼 수도 있다.

작가 헤벨이 주는 정답은 이렇다. 천사가 당신에게 나타나 세 가지 소원을 물어줄 경우 답해야 할 첫째 소원은, 무슨 소원을 빌어야 할지 알 수 있는 지혜를 달라는 것. 둘째 소원은 무얼 빌어야 할지 물어서 알게 된 그 소원을 비는 것. 마지막으로 빌어야 할 세 번째 소원이 중요한데, 바로 후회하지 않게 해달라는 것이다.

천사가 내게 나타나 세 가지 소원을 물어줄 일은 현실에서는 없다. 내가 천사노릇까지 해야 할밖에 없다. 무엇을 빌어야 할지, 어느 길을 가야 할지 아는 지혜를 누가 내게 주겠는가. 결국 내 스스로 얻은 인식과 경험과 삶에 대한 통찰이 그 지혜이다. 또 빌어야 할 소원을 비는 것이란 온갖 수렁에 빠져

가면서도 스스로 이루어야 하는 것, 인생 자체가 아니겠는가. 그리고 후회란 얼마나 우리의 귀중한 시간을 낭비하는 일인가. 마지막 소원이야말로 삶의 지혜 중 지혜인 것 같다.

내 자신이 짧지 않게 살아오기도 했지만, 학생들을 수업 시간에만 가르치고 마는 것이 아니라 삶을 헤쳐나가는 모습을 오래도록 보는 경우가 많아서 조금 정리가 되는 것 같다. 제아무리 현명한 사람도 진정 자신이 가야 할 길을 찾아 그 궤도 위에 올라서서 자리를 잡는 데는 최소한 십 년은 걸리는 것 같다. 일찍 자리를 잡은 듯 보이는 경우는 언젠가 뒤집힐 확률도 그만큼 더 높은 것 같았다. 그렇지 않은 경우에는 설령 남 보기에는 평탄했다 하더라도 남모르는, 남다른 인고를 겪은 존경할 만한 인물들이다. (물론 봉급만 받고 그저 자리만 지키는 사람은 논외이다.)

헤벨의 정답에다 한 가지쯤 사족을 달수도 있을 것 같다. 사람인지라 때로 택해서 가고 있는 길에 대한 후회가 아주 없을 수야 없다. 그래도 온 지혜를 모아서 어렵사리 한 선택, 혹은 한때 좋아했던 추억이 묻어 있는 선택, 혹은 정말이지 그렇게밖에는 할 수 없었던 저 어려웠던 선택을 기억하며 견뎌가야 한다고.

그럴 수밖에 없기도 하지만, 또 그래야 사람이 단단해지고 사회도 단단해진다.

사람인지라 때로 택해서 가고 있는 길에 대한
후회가 아주 없을 수야 없다.
그래도 온 지혜를 모아서 어렵사리 한 선택, 혹은 한때 좋아했던
추억이 묻어 있는 선택, 혹은 정말이지 그렇게밖에는 할 수 없었던
저 어려웠던 선택을 기억하며 견뎌가야 한다고.

"괜찮아요,
제 일인걸요."

나는 일터에서 밤을 새우는 일이 잦다. 서울 직장에서도 그렇고 독일 직장에서는 더욱 그렇다.

프라이부르크 대학 고등연구원에서 제안한 초빙수석연구원직은 꿈조차 꾸어본 적 없는 최고의 조건이었다. 좋은 예우에다 넓은 연구실, 깔끔한 숙소, 조교를 제공하면서 강의를 하려면 하고 싫으면 안 해도 된다는. 꿈같은 그러나 무서운 조건이었다. 절대로 대충 일을 할 수가 없으니 말이다. 게다가 나는 오랫동안 전체 연구원을 통틀어 유일한 동양인이었다. 왜 저런 깍두기를 끼워주었는가 하는 소리를 안 듣자면 논문 몇 편 쓰고 말 일이 아니었다. 정말이지 살인적으로 일을 했다.

그러다 보니 밤을 새우는 일이 잦고, 일터에서 가장 자주 만나게 되는 사람도 청소하시는 분들이다. 그분들은 남들이 출근하기 전에 청소를 마쳐야 하므로 출근이 빠르다. 서울에서는 그래도 대여섯 시는 되는데 독일에서는 새벽 세 시, 아무리 늦어도 네 시에는 일을 시작한다.

정신없이 제 일에 빠져 있다가 청소하는 소리가 들려오기 시작할 때쯤이면 화장실도 한 번 다녀오게 된다. 그러면 화장실이나 복도 어름에서 청소하시는 분을 마주치게 된다. 나는 조금 몸 둘 바를 모른다. 나야 잠을 못 자든 집엘 못 가든, 굳이 그러라고 하는 사람이 없고 따지고 보면 다 저 좋아서 하는 일이다. 그러나 매일 캄캄한 새벽에 출근을 해야 하는 직업은 만만치 않을 것이다.

마음이야 차라도 한 잔 끓여서 대접하고 싶지만 피차에 그럴 여유는 없다. 새벽쯤이면 나 자신은 지칠 대로 지쳐 있고, 금방 일을 시작한 분들은 얼른 일부터 마쳐야 한다. 그래도 청소하시는 분이 여성이면 낮은 소리로, 남성이면 큰 소리로 수고하신다는 인사를 했다.

어느 겨울에는 거구의 흑인 남자분과 제법 오래 이야기를 나눴다. 아프리카 가나에서 오신 분으로, 이곳의 가나 교민회 회장이라면서 자기는 여기서 일을 하고 부인은 가나에서 식당을 하고 있는데 얼마 전 식당을 확장했다고 했다. 독일에서는 보수가 보잘것없는 일이겠지만 그 일 덕분에 가나에서는 나름으로 유복한 터라 자긍심이 대단했다.

　이야기 끝에 자신이나 자기 주변 사람들은 일을 해서 돈은 벌지만 배움이 없다면서 연구실에서 일을 하고 있는 조그만 나에 대한 존경과 부러움을 드러냈다. 그 후로 내가 밤을 새우고 아직 연구실에 있는 것 같으면 내 방은 살짝 지나가고, 내가 없는 날은 연구실 청소를 말끔하게 해놓고 가셨다.

　또 어느 겨울에는 청소하시는 독일 아주머니가 유난히 힘들어 보여 한번은 귀를 기울이고 있다가 청소가 끝나갈 때쯤, 부엌으로 가서 찻물을 얼른 끓여서 조심스럽게 차를 권해본 적이 있다. 일이 아직 완전히 끝난 것 같지 않아 조심스러웠는데 고마워하며 마셨다. 건강도 형편도 어려워 보였다. 차를 다 마시더니 찬장 한편에서 사과 하나를 꺼내서 내게 주었다. 새벽에 먹으라고, 전날 밤 행사를 마친 직원들이 두고 간 것이라 했다. 드시라고 직원들이 둔 건데 본인이 드셔야 되는 거 아니냐고 했는데도 굳이 나에게 그 사과 한 알을 주셨다.

　그 다음부터는 청소가 한참 진행되었다 싶을 때면 부엌으로 가 차를 두 잔 타서 (시간을 뺏지 않으려고) 한 잔은 거기 두고 오면서 복도에서 엇갈릴 때 내 찻잔을 들어 보이곤 했다. 부엌 청소가 시작되기 직전쯤이다. 청소가 끝난 후 다시 부엌에 갈 일이 있어 가 보면 어떤 때는 말끔히 청소된 싱크대 위에 과자를 담은 작은 접시가 놓여 있었다. 나는 그분이 안쓰러운데, 그분 눈에는 걸핏 하면 밤을 새우는 내가 안쓰러웠나 보다.

그분들에게서 또 다른 분들에게서 내가 듣는 똑같은 말이 있다. 무얼 좀 도와드리는 시늉을 하면 고맙다는 말 다음에 덧붙인다.

"괜찮아요. 이건 제 일인걸요."

내 일, meine Arbeit 혹은 my job. 사실 내가 독일에서 가장 자주 듣고 감탄하는 말이다.

세상의 일은 다 어렵다. 그런데 같은 일을 하면서, 이를테면 내가 죽지 못해서 이 일을 한다고 생각하는 것과 "제 일인걸요" 하면서 성실히 임하는 것은 많이 다를 것이다. 일의 성과도 다르겠지만 무엇보다 일하는 사람의 삶의 질이 다를 것이다. '내 일'이라고 생각하면서 감사함으로 하는 것이 지금 주어진 일을 감당하는 가장 좋은 방법은 아닐까.

"제 일인걸요." 현실인식과 책임감과 자긍심까지 배어 있는 이 말을 나는 사랑한다. 그런데 그 비슷한 말이 우리나라에서는 거의 들리질 않는다. 다들 일이 너무 힘든 것 같다. 일이 힘들다 보니, 나는 이런 일을 할 사람이 아니라는 생각부터 먼저 드는 것 같다. 이 일조차 못할 상황에는 아직 가보지 않았기 때문일지도 모른다. 그렇게 짐작되는 것이, 내가 우리나라에서 그런 말을 듣는 경우는 새벽에 일하러 나오신 분들에게서뿐이기 때문이다. 처음에 얼마나 놀랐는지. 무얼 조금 도와드리려 하면 얼른 다시 뺏으며 그러셨다. "괜찮아요. 제 일인걸요."

 독일에서와는 달리 우리나라에서 그 말을 들으면 반갑기에 앞서 먼저 마음이 짠하다. 우리나라에서는 그 힘든 일도 못했던 상황을 겪고서야 비로소 나올 수 있는 말인 것 같아서이다. 독일 연구소와는 달리 부엌 같은 것도 없이 썰렁한 학교 건물에서는 첫 새벽에 차 한 잔 건네 볼 길이 없다. 그저 고맙다는 말만 할 뿐이지만 내게 그분들은 가장 가까운 동료이고 또 내 친구들이다. 그리고 그분들에게서 나는 삶의 지혜 한 가지를 배웠다. "제 일인걸요." 그 말을 배워서 그렇게 생각하고 또 말해보니까 무슨 일이든 하기가 한결 수월하다.

회사원 같은
아이

이른 아침 아직 방학 중인데, 잠시 멈춘 엘리베이터 안으로 초등학교 1, 2학년쯤 되는 소년이 천천히 들어선다. 지친 회사원 아저씨 같은 얼굴을 하고. 엘리베이터 문이 닫히려는 찰나 무얼 한 보따리 챙겨든 어머니가 허겁지겁 뒤따라 들어선다. 소년과 내가 엘리베이터 안의 침묵 속에 맨숭맨숭 서 있는 걸 보더니 아이를 다그친다.

"인사 해야지!"

엘리베이터 문을 향해 서 있던 소년이 엘리베이터 문을 보고 억양 없이 "안녕하세요" 한다. 민망한 나는 소년의 뒤통수만 보고 있었다.

조금 있다가 소년이 들릴락말락한 소리로 "뭐지?" 한다. 뭐가 날아 들어오기라도 했나 하고 나도 엘리베이터 안을 둘러보는데 재깍 어머니의 속사포 대답이 쏟아진다.

"응, 원어민 영어. 문제집 풀고! 그다음엔 도서관 가야지!"

여전히 엘리베이터 문을 보며 소년이 억양 없이 말한다.

"짜. 증."

지하주차장에 같이 내린 어머니는 한 보따리 든 걸 하나도 안 흘리고 앞장서서 차로 달려가고 소년은 천천히 뒤따른다. 회사원 아저씨 걸음걸이로. 나도 천천히 내 차로 간다.

어느 아침에 겪은 일이다. 아이에게 온갖 것 다 가르치고 예의까지 가르치려 분주하던 그 젊은 엄마의 허겁지겁하던 모습이며 그 아이의 지쳐빠진 얼굴, 느릿느릿한 걸음걸이가 잊히지 않는다. 교육 문제란 남이 이런저런 말을 하기는 쉬워도 부모가 되면 정신이 없다. 누구든 나름으로야 최선을 다한다. 남 하는 대로 하려고 애쓰느라 힘들지만, 실은 남 하는 대로 안 하고 기다려주기가 제일 힘들어서 그럴 것이다. 그런데 그게 부모가 할 일인 것 같다.

벌써 저렇게 지쳐빠진 아이가 과연 엄마가 바라는 대로 가줄까. 어린 시절을 저렇게 보내고 어디서 스스로 의욕이 나서 공부할 힘이 나겠는가. 예루살렘에서 만난 뛰어난 유대인

예술가 한 분이 한 이야기가 생각난다. 그분은 어릴 때 학교에 갔다 오면 어머니가 꼭 "오늘은 무슨 좋은 질문을 했니?"라고 물었다고 한다.

놀아야 할 때 놀지 못했으니 공부할 때 공부하고 싶겠는가. 일할 때 일인들 하고 싶겠는가. 저렇게 하는 공부에 무슨 재미가 나겠으며, 친구인들 생겨나겠는가. 남을 배려할 틈이 있어야 친구도 있고, 세상도 돌아간다.

내가 걱정스럽게 그 소년 이야기를 했더니 제자 중 한 학생이 그랬다. 교보문고 원서 코너에서 책을 고르는데, 어떤 엄마가 만화책을 고르려는 아이를 비난하며 마키아벨리의 《군주론》을 골라주는 걸 보고 놀랐다고. 사실이 아니기만 바란다. 엄마 자신이 그 책을 단 한 장이라도 열어보았다면 그런 일은 세상에 없었을 테니까.

어릴 때, 이제 어느 언어로든 책을 좀 읽어야 할 시기에, 들들 볶아 가르치는 짧은 외국어는 자라야 할 생각을 다시 퇴행시키는 폐해도 있다. 그렇게 몇 년을 배운 영어는 사실 양이 얼마 되지 않는다. 본인이 필요를 느끼면 빠른 시일에 얼마든지 습득할 수 있는 양이다. 그거 몇 마디 가르치겠다고 아이들에게서 하고 싶은 마음을, 스스로 배우려는 마음을 빼앗아버리면 그 마음은 다시 생겨나지 않는다. 뭐든 엄마와 함께 즐겁게 했던 일을 아이들은 다시 하고, 또 잘한다. 글씨 몇 자 빨리 읽어서 무얼 할까. 엄마가 책을 즐겁게 읽어주면 아이들은 어느 날 그 책을 그냥 줄줄 읽는데 왜 한글까지 선생님 불러 가르치는 일마저 있을까.

 같은 엘리베이터에서 또 한 번 쓸쓸한 경험을 했다. 엘리베이터가 정지해 문이 열리고 젊은 엄마가 유모차를 밀며 안으로 들어섰다. 유모차에 앉은 아이를 보니 스마트폰으로 게임을 하고 있는데 두 엄지로 화면을 밀어대는 손놀림이 너무나도 능숙했다. 엘리베이터를 타는 동안에도, 타고 나서도 일말의 흔들림 없이 폰 게임에 열중해 있었다. 입을 다물지 못했다. 조금 섬뜩하기도 했다.
 어려서부터 화면만 들여다본 아이들이 자란 세상은 생각만 해도 조금 무섭다. 그 아이는, 화면이 아닌 현실 속에서 또 얼마나 허약할까. 무엇이든 자신의 시선을 끄는 것을 하나하나 살펴보고, 만져보고, 먹어보고, 움직여보며 세상의 이치를 터득해갈 시기의 아이였다. 내 아들이 그만할 때 뭐든 먹어보는 통에 나는 약을 감추느라 얼마나 힘들었던가.
 언젠가 가위를 보고 어린 아들의 눈이 반짝했을 때, 나는 직감적으로 사태를 간파하고 위험을 무릅쓰고 함께 종이를 잘라가며 가위 쓰는 법을 가르쳤다. 가위 쓰는 법을 배운 뒤 슬며시 방으로 들어간 아들은 나중에 보니 커튼이며 이불을 다 거덜내놓았다. 아이는 다치지 않았다. 나중에 유치원에 갔을 때 아들은 가위로 오리기만큼은 타의 추종을 불허하는 일인자였다.

아이들은 아이들일 때 놀아야 한다. 놀아야 몸도 마음도 튼튼해지고 주위를 살피며 세상 이치도 깨닫고, 무엇보다 심심해서 이것저것 해보는 가운데 진정한 창의력이, 생각이 자란다. 아무리 세상이 바뀌어도 아이 때 아이노릇 잘 해야 학생 때 학생노릇 잘 하고 어른 때 어른 노릇 잘 하는 건 자명한 이치이다. 아이 때는 공부하고, 어른 되어서는 남의 눈치나 보며 그저 놀고 싶어 하고, 저밖에 모르는 사람들로 세상이 가득 차면 어떻게 되겠는가.

나는 좀 더 늙어서 회사원 아저씨 같은 아이들, 스마트폰이나 컴퓨터만 만지는 아이들을 뛰어 놀게 하는 직업을 가졌으면 좋겠다. 아이를 보내줄 부모가 있을지는 잘 모르겠지만.

물살을, 삶을
헤치는 법

학교 다니면서 무얼 적어내야 할 때 언제나 취미란에 쓸 게 없어서 난처했다. 어렸을 때나 커서나 늘 남몰래 시를 썼지만, 그걸 한낱 취미라고 적을 수는 없었다. 이제는 아무도 묻지 않지만, 좋아하는 것이 무엇이냐고 물으면 할 대답은 있다. 수영을 좋아한다. 뭐가 통 배운 적이 없는 내가 어떻게 수영을 배웠는지 나도 참 신기하다.

　내가 다닌 중학교에 신기하게도 당시에는 매우 드문 옥외 수영장이 있었다. 나는 산골 출신이라 초등학교 5학년이 되어서야 바다를 딱 한 번 구경한 적 있을 뿐 물과는 인연이 없었다. 학교 가는 길에 있는 큰 강물에 홍수가 나서 외나무다리가 떠내려가 버리면 학교를 못 갔던 기억뿐이다.

중학교 2학년 여름, 체육시간에 수영을 잠깐 배웠다. 그래봤자 한 반의 학생 수가 60명이 넘었으니 한 명에게 얼마나 배울 차례가 돌아갔겠는가. 그러나 킥판도 잡아보고 물장구도 조금 배웠다.

그러고는 대학에 갈 때까지 다시는 물에 들어가본 적이 없다. 그런데 대학교 2학년 여름방학 때 배를 타고 울릉도에 간 일이 있었다. 그때는 울릉도까지 열댓 시간 배를 타고 가야 해서 배에서 내려도 한동안 온 땅이 계속 울렁울렁했다. 그렇게 아침에 도동항에 내려 조금 쉬고 늦은 오후에 그 반대편에 있는 조그만 어촌에 닿았다.

바닷가에 앉아 있는데 바닷물이 어찌나 맑았는지. 물 속 하얀 모래며 해초며 조개가 환히 다 들여다보였다. 마침 타는 듯한 저녁 해가 수평선 가까이로 내려와 있었다. 본 적 없는 아름다움이었다. 그 맑고 맑은 바다에는 띄엄띄엄 작은 바위섬들이 있었다. 띄엄띄엄, 아마도 한 이삼십 미터쯤의 간격으로 바위들이 있었던 것 같다. 그 바위섬들에도 가보고 싶었다. 그러나 어떻게 바닷물을 건너가나.

나는 그냥, 앉아 있던 채로 (수영복이 있었을 리도 없다) 바다에 뛰어들고 말았다. 그 맑고 아름다운 바다에 잠겨 다시 못 나온다 해도 원이 없을 것 같았다. 그런데 몸이 물 위로 떠오르는 것이었다. 허우적였더니 신기하게 몸이 앞으로 나아가기도 했다. 그게 한 번도 배워본 적 없는 개구리헤엄이었는지 개헤엄이었는지는 모르겠지만, 어찌 됐건 나는 바위섬 하나에 닿았고, 그다음 섬에도 닿을 수 있었다.

참 신기하게 딸아이가 아주 어렸을 적에 비슷한 짓을 하여 나를 경악시켰다. (아이에게 과거의 내 비행을 이야기한 적은 없었다.) 아이가 초등학교에 입학했을 때쯤 가족이 홍천강에 놀러 간 적이 있었다. 강물이 너무도 아름다웠다. 아이들은 강가 얕은 곳에서 튜브를 몸에 끼고 물장구를 치며 놀고, 나는 감탄을 하며 강 건너를 바라보고 있었다.

그런데 물장구를 치던 딸아이가 느닷없이 반대편 강둑을 향하여 계속 물장구를 쳐 가는 게 아닌가. 제아무리 튜브를 끼었어도 강은 강이었고 너무 넓었다. 아이는 불러도 들리는지 안 들리는지 아랑곳없었다. 위험하다 싶게 멀어졌을 때는 아이가 놀랄까 봐 소리쳐 부를 수도 없었다.

직접 아이를 구하러 갈 수영 실력이야 될 리 없는 나는 혼비백산해서, 다급히 사공을 찾아 배를 놓아 아이가 놀라지 않을 만큼은 간격을 두고 뒤따라가 달라고 부탁했다. 사태를 간파한 사공이 고맙게도 얼른 배를 띄웠고 천천히 뒤따라갔다. 강둑에 서서 바라보고 있는 나는 속이 바작바작 다 타버리는 듯했건만 아이는 유유하게 강을 다 건넜다. 튜브 하나에 의지해서. 강 건너편에 닿고 나서는 순순히 배를 타고 아무 일 없었다는 듯 돌아왔다.

지금은 다 자라 아주 멀리 있고 어쩌다 함께 참석하게 되는 국제학회가 있으면 그럴 때나 잠깐 얼굴을 본다. 땅덩이를 적어도 반 바퀴, 어쩌다 사정이 이상하면 한 바퀴를 돌아서 일 년에 한두 번 그저 며칠 얼굴을 본다. 피차 발표문의 마지막 손질에 여념이 없어 많이도 못 본다.

세상은 언제나 내가 두렵게 그 앞에 섰던 큰물 같았다. 두려우면서도 세차게 마음을 끌며 나를, 우리를 불렀다. 그러나 두려움을 이기며 내 스스로 헤쳐가야 하는 곳이자, 헤쳐갈 수 있는 곳이기도 했다. 모질게 공부만 하는 작고 여린 딸이 안쓰럽고 헤어질 때는 서운하다. 그러나 든든하다. 그렇게 어렸을 적에도 제법 큰 강 하나를 건너보았는데, 마음만 먹으면 세상의 무슨 강을 이제 어떻게든 못 건너겠는가.

세상은 언제나 내가 두렵게 그 앞에 섰던 큰물 같았다.
두려우면서도 세차게 마음을 끌며 나를, 우리를 불렀다.
그러나 두려움을 이기며 내 스스로 헤쳐가야 하는 곳이자,
헤쳐갈 수 있는 곳이기도 했다. 그러나 든든하다.
그렇게 어렸을 적에도 제법 큰 강 하나를 건너보았는데,
마음만 먹으면 세상의 무슨 강을 이제 어떻게든 못 건너겠는가.

삶의 기본 중의 기본

지난여름 내 여주 집을 다녀간 아이들 생각이 자주 난다. 열 살, 여덟 살, 네 살 반인 남자 아이들 셋을 데리고 독일 예나대학 역사학과의 젊은 라이세 교수 부부가 찾아왔다.

맏이는 맏이라 좀 점잖고, 둘째는 활동적이어서 물가의 위태로운 난간이든 뭐든 재미있어 보이는 높은 데만 나타나면 원숭이처럼 기어 올라갔다. 나는 속이 타는데도 부모는 느긋했다. 아이가 충분히 해보고 위험도 느꼈을 만한 아주 결정적인 순간에만, 이제 그만 해도 될 것 같다고 나직이 한마디 했다. 그때는 아이도 따랐다.

의젓하던 큰아이는 독일로 돌아가 학교에서 김치에 관한

'강연'을 했다고 한다. 예나에는 없고 바이마르에 하나 있는 한국 식당을 찾아가서 김치를 구해, 반 친구들에게 초콜릿과 함께 나누어주며 김치 맛도 좀 보게 했다고 했다.

특히 막내가 말할 수 없이 예뻤다. 내가 밥 지을 준비를 하며 은행을 까서 밥에 얹어볼까 하는데, 자기가 까보겠다고 했다. 고맙다고 말하며 맡기면서도 두세 개나 까겠나 했더니 웬걸, 식탁에 차분히 앉아서 한 그릇을 다 까놓았다. 칭찬을 했더니 무어 더 할 일이 없느냐고 했다. 그럼 마당의 풀을 몇 포기 뽑아보겠니 했다.

시골의 여름은 어디서나 잡초와의 전쟁이다. 집 마당에도 풀이 많다. 뽑아도 뽑아도 끝이 없다. 가끔씩 서울서 오는 어른 손님들이 나서긴 하지만, 안 해보던 일이라 조금 뽑다가는 다 지친다. 그런 일을 밥 기다리는 동안 재미삼아 조금 해보라고 시킨 것이다. 그런데 한참 지나서, 웬만큼 식사 준비를 해놓고 뜸이 조금 덜 든 밥을 기다리는 동안 마당으로 나가 보았더니 세상에 마당이 훤했다.

큰 아이들 둘은 할 만큼 하고 손을 놓았는데도, 네 살 반짜리 막내가 여전히 마당에 쪼그리고 앉아 남은 풀을 혼자 다 뽑고 있었다.

아이가 차분히 뽑고 있는 것도 놀라웠지만 손놀림이 아주 익숙했다. 어른 손님에게서도 찾아보기 어려운 일이라 너무나 놀라서, 너 어떻게 이런 일을 이렇게 잘 할 수 있느냐고 물었다. 그랬더니 유치원 마당에 나는 잡초는 늘 자기들이 뽑는다는 것이었다.

독일 유치원에서는 그런 걸 가르치는구나! 유치원 마당에 나는 잡초는 자기들 유치원이니 그 아이들이 같이 놀며 일하며 당연하게 뽑게 하는 교육. 노래하고 춤추고, 요즘은 짧은 영어도 하고 그런 우리네 유치원 풍경과 대비되어 문득 마음이 어두워졌다.

남을 배려하며 사회의 일원이 되는 첫 걸음을 가르쳐야 하는 곳이 유치원 아닐까. 춤추고 노래하는 것이 아니라 줄 서는 법, 문 여닫는 법, 남을 위해 문을 잡고 기다려주는 법 같은 걸 가르쳐야 하지 않을까.

독일서 아이를 유치원에 보내보진 못했지만, 가끔씩 독일 가정에 가 보면 아이들에게 식탁 예절을 엄히 가르친다. 밥상 앞에서 식사가 끝날 때까지 진득이 앉아 있는 아이들을 찾아보기 어려울뿐더러, 밥투정 안 하면 대견하고 밥투정을 해도 부모가 아이들에게 밥을 떠먹이기까지 하는 우리네 모습이 스쳐가곤 했다.

길 건널 때도 부모는 그저 차 조심이 아니라, 왼쪽 먼저 보고 다음은 오른쪽 보라고 가르친다. 아이들은 차에 대한 공포심이 아니라 대응 방법을 배울 것이다. 우선 자기를 지키고, 자립심을 키우고, 남을 배려하는 그런 걸 부모들이 가르치는 것 같았다.

내 시골집 마당의 잡초를 다 뽑은 그 네 살 반짜리 아이와 풀 뽑기를 시키는 독일 유치원 이야기를 두어 번 어디 가서 했더니 들은 사람들 하는 말이 똑같았다. 우리나라에서 그랬다가는 당장 엄마들의 항의로 유치원 문을 닫아야 할 거라는 것이었다. 유치원 아닌 학교에서조차 학부모 항의, 간섭에 시달리다 보니 선생님들이 아예 아이들에게 무얼 가르치려 하지 않는다고.

왜 그럴까. 왜 엄마들이 그럴까. 왜 또 교육을 이 지경까지 서로 미룰까. 다 나름으로는 잘 한다고 하는 일의 결과일 것이다. 아이들이 귀해서 그렇겠지만, 무얼 잔뜩 가르치기만 하고 다 크도록 공부만 하면 모든 것이 양해되게끔 모시기만 하는 것 같아 보인다.

세상에는 공부보다 더 중요한 일들이 많이 있다. 부모가 아이에게 정말 가르쳐야 할 것들이 있다. 우선 제 앞가림하는 것을 가르쳐야 하고, 아이들 마음속에 뜻이 자리 잡도록 기다려주고 격려해주어야 한다. 뜻이 있으면 공부는 자기가 필요하다고 느끼는 시점에 금방 된다. 남이 공부를 가르칠 수는 있지만 한계가 있고, 마음속에 없는 뜻은 남이 절대로 불어넣어 줄 수 없다. 이 세상에 발붙이고, 이 험한 세상을 제 힘으로 헤쳐나가게 하자면 남을 밀쳐내는 것이 아니라 배려하고 서로 도와야 하는 것임도 가르쳐야 한다.

내 아이들이 어렸을 때가 떠오른다. 돌아보면 미안한 일, 아쉬운 일, 부끄러운 일이 얼마나 많겠는가마는 내가 즐겁게 떠올리는 한 가지는 아이들에게 일을 가르쳤던 것이다. 아이들이 좀 자유롭게 걷기 시작했을 때부터 '중대한 사명'을 주어 일을 하고 주변을 챙기게 했다. (내가 그들을 다 챙겨줄 수 없었기 때문이다.)

매일 배달되어 아파트 현관 앞에 놓여 있는 우유를 냉장고까지 배달하는 것이 아이들의 첫 일이었다. 아이들 자신이야 잊었겠지만, 우유를 현관에서 냉장고로 배달해놓고 난 후 그 애들의 얼굴에 떠오르던 보람과 자랑을 나는 잊지 못한다. 자기가 없으면 온 식구가 우유를 못 먹으니, 자기 자신이 얼마나 중요한 인물인가!

해야 할 일투성이인 세상에서는 눈만 돌리면 어디든 할 일이 산적해 있다. 자기가 아니면 그 일이 안 되어 세상 한 귀퉁이가 결정적으로 빌 만큼 그 일을 꾸준하게 즐겁게 해내는 지혜는 스스로의 구원이고 또한 세상의 구원이다. 일의 보람도 필요하거니와 다들 너무 힘들게 살아가니 남의 일도 조금 도와주는 순간이 있으면 그 또한 좋은 일이다. 무엇보다 일로써 주변을 가꾸면 손해를 보는 것이 아니라 바로 자기 자신의 터가 넓어진다.

운동의 중요성은 이제 보편적으로 인식된 것 같다. 운동 좀 해야겠다고 결심하면 헬스클럽 회원권부터 끊는다. 나부터도 좋아하는데 수영 한 번 못하는 것이 아쉬워서 수영장 회원권을 끊은 적이 있다. (그런데 한 달치 회원권을 끊어놓고 단 한 번도 못 썼다. 환불되는지 물어보러 갈 시간도 없었다.) 실은 불필요한 일이었다. 시간에 쫓기니 평지든 계단이든 자주 뛰어다니고, 책상에 너무 오래 앉아 머리가 아프면 집안일을 하고, 집안일을 하다가 좀 과하다 싶으면 두었다가 다시 책을 좀 보다가 하니 실은 이 운동 저 운동 다 두루 약간 과잉이다.

과장해보자면 이제 우리는 돈 내고야 움직이려 한다. 자기가 몸 움직여 할 일을 남한테 돈 주고 맡기고, 자기는 다시 돈 내고 운동하러 다닌다. 그나마 형편이 되는 경우에 말이다. 아니면 숨도 못 쉴 정도로 우리는 노동에 치여 살고 있다. 세상은 그렇게 어리석은 사람들과 가련한 사람들로 갈라져 있는 것 같다.

그러나 삶은, 얼마나 많은 노동을 요하는가. 조금씩 미리 일 해두면 생활을 감당하기 얼마나 한결 수월하겠는가. 우리가 즐겁게 함께 일하고 나누면 세상이 얼마나 살 만해지겠는가.

자녀들을 노동에서 소외시키는 것은 참으로 어리석은 일이다. 딸을 밥 한 번 안 지어보게 곱게 키워 시집보내는 것도 그렇다. 그런 딸이 어디서 허구한 날 밥 지어줄 남편을 쉽게 구할 것이며, 구한들 그 살림이 평안하기만 하겠는가. 남편은 또 무슨 수로 자기 일도 다 하고 밥도 다 짓는 만능인간이 되겠는가.

　남편이라고 아내가 밥 주기만 쳐다보고 있자면 또 얼마나 가련한가. 조금씩 늘 해오던 익숙한 일이어서 자유롭고 편하게 할 수 있다면 스스로도 편하고 주변이 얼마나 고루 편하겠는가.

　노동을 익숙한 것으로 만들고 거기서 보람과 즐거움을 찾아 느낄 줄 아는 것, 그렇게 하도록 서로 칭찬하고 격려하는 일이야말로 삶의 기본 중에서도 기본, 삶의 지혜 중에서도 지혜이다. 그 성취로 사람이 땅에 발붙이고, 그 보람으로 날아오르기 때문이다.

　부모가 자녀에게 갖추어주어야 할 두 가지. 괴테가 요약했다. '뿌리와 날개'라고. 우리의 상황으로, 현실로 아주 낮추어 — 사랑이야 기본에 두고 — 의역해본다. 노동과 격려일 것 같다. 노동이라고 한마디로 요약할 수도 있겠다.

아들의 빈 손에 들려 있던 맥주 캔 하나

야밤에야 죽은 듯 지쳐서 집에 들어가면, 밤잠을 잘 안 자는 아들이 두 손바닥을 내 눈앞에 펼쳐들고 천천히 좌우로 움직이곤 했다. 눈동자가 움직이는지 안 움직이는지, 즉 죽었는지 살았는지 알아본다는 것이었다. 그러면 나는 실없는 웃음을 터뜨리며 기운을 차리곤 했다.

그러다 어떤 날은 기운을 좀 더 내어 조금 더 일을 해보겠다고 야밤에 무얼 챙겨 먹기도 한다. 안 넘어가는 음식을 억지로 집어넣고 있는 나를 아들이 딱한 눈길로 바라보면 내가 하는 말은 늘 "먹지 않고 어디서 기운 나겠니?"였다.

같은 말이 아이들에게도 내가 늘 하는 유일한 닦달이다.

챙겨주지도 못하면서 밥 좀 많이 먹으라니 듣다 못한 아들이 점잖게 하는 말은 "바보 어머니(그 애의 나에 대한 공식 호칭이다), 먹어야 기운 나는 것 아니고 쉬어야 기운 나는 거예요. 아시겠어요?"이다.

그러던 아들이 어느 토요일 아침에는 슬며시 내 도시락을 싸놓았다. 자기도 이제 대학에 다녀보니 토요일 밤에는 학교 안에 여는 매점이 없다는 것을 안 것이다. 그때의 고마움과 미안함과 민망함을 어떻게 표현하랴. 그런 도시락을 먹으면서 내가 한낱 명리_{名利}를 위해서 책을 읽거나 글을 쓸 수는 없었다.

첫아이인 아들은 특별히 어렵게 얻었다. 여러 차례의 유산 끝에 몇 번이나 병원을 드나들며 입원을 해가며 가까스로 얻었다. 그래서 아이가 너무 귀해서 아이가 태어났을 때 내가 가졌던 유일한 소망은 건강한 아이, '열사 사하라에 던져놓아도, 얼음집 이글루에 던져놓아도 살 수 있는' 아이였다. 아기 때도 난방도 거의 안 한 집에서 윗도리 러닝셔츠 하나만 입혀서 재웠다. 음식을 먹기 시작했을 때도 현란한 이유식 대신, 세상 온갖 음식을 맛이 있든 없든 다 먹을 수 있기를 바라며, 구할 수 있는 모든 음식을 한데 끓여서 병병이 넣어 얼려두었다 먹였다.

입가에 다 처바르고 입 안으로 들어가는 게 없어도, 언젠가는 제 힘으로 먹어야 하니 지금 제 힘으로 먹을 수 있도록,

먹여주지 않았다. 걸음걸이를 배울 때, 엎어지고 멍이 들어도 제 힘으로 다시 일어나야 하듯 세상만사를 그렇게 터득해가기를 바랐다. 처음부터 그저 제 힘으로 걸어갈 때까지만 조금 보살펴준다는 생각이었다. 세상 무엇 하나 손 붙들어 도와준 일이 없다.

그런 독한 어미 밑에서도 아이는 고맙게 잘 커주었다. 무엇보다 건강하게. 정말 사하라에 던져놓아도 이글루에 던져놓아도 살 수 있을 것같이 컸다. (간절히 소망하는 것은 반드시 이루어지는 것 같다.)

그러나 있는 틀에다 자기를 맞추어 넣는 것만은 못했다. 중학교에 다닐 때 언젠가 그 애네 학교를 소개하는 EBS 방송은 "오늘도 세건이는 잡니다"라는 멘트와 더불어 교탁 앞 맨 앞자리에 앉아 천연덕스럽게 자고 있는 아들을 조명하는 것으로 시작했다. 그러나 다행히 다음 멘트는 "그러나 세건이는 책도 많이 읽고, 공부도 잘합니다"였다. 아들이 공부를 잘했는지는 모르지만, 뭔가 따로 배우러 다니는 게 전혀 없어 일찍 집에 와서 워낙 심심하다 보니 책은 많이 읽었다. 특히 만화책은 세상에 있는 것을 다 읽은 것 같고 컴퓨터 오락도 다 한 것 같다. 그러면서 오후와 저녁과 밤을 보내니 낮에 학교에서는 잘 수밖에 없었다.

공부하느라 고생이 막심한 어미를 일찍부터 보아온 탓에 어려서부터 공부는 절대로 열심히 하면 안 되는 것이라는 생각을 거의 좌우명 삼고 산 것 같다. 그러나 자기 좋아하는 것은 무엇이든 한도 끝도 없이 했다. 그러고 보면 어떤 점에서는 어미로부터 그리 멀리 가지도 않은 것 같다. 온 식구가 그렇다. 다들 가끔씩 만나면 매우 반가워하는 그런 사이가 일찍부터 되어버렸다.

아들이 예전에 고등학교에 다닐 때 생각이 난다. 고등학교에 들어가고 얼마 안 있어 처음 유럽으로 배낭여행을 갔는데, 갈 때는 학교 가방 그대로 지고 가기는 했지만 그래도 뭔가 가방 하나는 들고 떠났다. 몇 주일 지나 돌아왔는데 보니 학교 가방만 메고 빈손에 독일 캔 맥주 하나가 달랑 들려 있다.

"얘, 너 학교 갔다 오니? 갈 때 가져간 가방은 어쨌니?" 했더니 갈 때 가져간 가방은 유럽 어디 있는 아는 사람 주려고 라면을 채워 갔던 거라고 했다. 어딜 다녀왔느냐고 했더니 제일 먼저 스코틀랜드에 갔단다. 왜 거길 갔냐고 하니까 네스호에 괴물 '네시'가 정말 있는지 없는지 보려고 그랬다고 했다.

이 도시 저 도시에서 서점도 좀 다니며 일본 만화가 유럽 어디까지 와 있나 체크도 좀 하고, 가는 도시마다 한 번쯤은 오락실에 가서 오락 실력으로 유럽 아이들을 놀래켜줬다고 했다. 나는 좀 어이가 없었지만, 나중에 다른 사람들 이야기를 들어보니 대학들도 제법 둘러본 것 같았다.

자주 인천공항을 드나드는 터라, 요즘은 많이 사라지기는 했지만 면세품을 보따리 보따리 들고 있는 좀 딱한 동포들의 모습을 보노라면 아들의 빈손에 들려 있던 맥주 캔 하나가 어김없이 떠오른다. 실은 참을 수 없는 어미였을 답답하고 고지식한 나를 참고 그렇게 챙겨주기까지 한 것처럼, 아들은 세상 사람들도 그렇게 슬며시 챙겨주며 살 것 같다.

　아들과 아들 친구들이 살게 될 앞으로의 세상이 조금 더 괜찮은 세상이었으면 좋겠다.

아버지처럼

조그만 조약돌 한 움큼이 여러 해, 유리그릇에 물과 함께 담겨 집 거실에 있었다. 보는 사람들은 여름에는 조금 시원해 보이라고, 겨울에는 가습이 되라고 거기 두었으려니 한다.

    그것은 내가 가장 소중하게 간직하는 선물로, 어머니가 돌아가시고 나서 아버지께서, 일흔이 넘어 처음 유럽여행을 다녀오실 때 가져오신 것이다. 곰살스럽게 무얼 사다 주신다든지 하는 일이 없으셨던 무덤덤한 어른이 그런 걸 들고 오셨다. 그 조그만 돌멩이들을 들여다보노라면 가보지는 못했지만, 아버지 눈에 어렸던 리비에라의 푸른 바닷빛이 보이는 듯하다. 얼결에 조약돌을 주워든 노인의 마음에 오갔을 만감이 잡힐 듯도 하다.

아버지는 그 세대의 많은 분들이 그렇듯, 평생 당신이라고는 없이 살아오신 분이다. 장손으로 홀로 공부하실 수 있었던 탓에, 머릿수를 정확히 헤아리기도 어려운 대가족의 짐을 혼자 도맡아 지셨다. 어렸을 때는 당신만 없으신 게 아니라 당신 가족조차도 뒷전인 아버지의 삶의 방식이 도무지 수긍이 안 갔었다. 아버지처럼 바보같이 살지는 않겠노라고 다짐하면서 다 큰 것 같기도 하다. 도무지 세상에 아무것도, 라면 봉지 하나, 개숫물 한 대야조차 그냥 버려지는 일이 없는 집에서 나는 자라났다. 씻고 또 씻어 써서 곰팡이가 낀 일회용 나무젓가락이나, 목욕탕에 냄새를 진동시키는 개숫물을 보면 "제발 좀 버리세요"가 저절로 나온다. 하물며 철없었던 시절에야 얼마나 싫었을까.

그런데 처음 독일에 공부하러 갔을 때, 그곳 사람들을 보며 놀랐었다. 내가 놀란 것은 그 유명한 독일인의 근검성 자체가 아니었다. 근검함이 어려운 시절을 살아남은 세대에 그치지 않고, 고생 모르고 자랐을 '잘사는 나라'의 젊은 세대의 몸에도 배여 있다는 것과 그런 근검함이 결코 구차하지 않고 참으로 아름다울 수 있다는 것이었다.

유행이 아니라 정말 다 헤질 때까지 입어서 구멍이 뚫린 청바지를 아무렇지 않게 입고, 돈이 없거나 절약하느라 남학생도 여학생도 한 코 한 코 뜨개질로 스웨터를 짜서 한없이 입고 다니는 모습이 그렇게 아름다웠다.

　폐차장에서 헌 자동차 두 대를 구해다가 몇 주일 매달려 비지땀을 흘린 끝에 앞부분은 노란색, 뒷부분은 초록색인 자동차가 기숙사 마당에서 굴러나가는 것을 봤을 때는 그저 입이 벌어졌다. 일회용 컵을 쓰지 않으려고 자기 컵을 들고 다니는 젊은 환경론자들도 그 당시의 나에게는 경이였다. 환경의식 같은 것은 개념도 없었던 아득한 시절의 일이다.

　당시에는 벼룩시장에도 자주 갔었다. 물건이 싸기도 했지만, 어른도 꼬마도 쓰던 물건을 정갈스럽게 손질해서 내놓고 팔며, 말만 잘 하면 그냥 주기도 하는 (발이 작은 나는 아이들 헌 구두를 많이 얻었다) 그 분위기 자체가 잔치 같았기 때문이다.

　구차하거나 궁색한 것이 아니라 자랑이 배어나는 검약. 가난의 부수 현상인 검약한 생활이 내 자신과 내 자식만을 위한 것이 아니라 후손들이 계속 살아갈 곳에 대한 배려로 승화될 수 있다는 것은 당시의 나로서는 하나의 깨침이었다.

　딱히 아등바등하는 것도 아니건만 내 주위에도 어느새 몇십 년을 헤아리게 되는 물건들이 늘어가고 있다. 우리 집 세탁기 앞에도 큰대야가 셋씩이나 놓여 비눗물 농도가 다른 개숫물이 재활용을 위해 담겨 있다.

　그사이 우리나라에서도 사회의식 변화의 당연한 귀결로 환경의식이 많이 높아졌다. 분리수거 등은 비교적 잘 되는 반면, 쌓이고 또 버리는 것이 그 이상으로 많아져버린 것 같다.

남들이 사는 물건 사고, 또는 남들 따라 사고 싶어 안달만 낼 뿐, 참으로 많은 물건들을 함부로 내버리는 시대 — 저렇게 함부로 내다버리는 물건들처럼 사람마저도 가치 없어지는 것이 아닐까, 내버려지는 것이 아닐까 나는 두렵다. 청승맞게도 자꾸, 황량한 땅에서 살아갈 아이들의 메마른 마음을 생각하게 된다.

혼자 사시는 아버지는 산에 자주 다니셨다. 그토록 아끼고 사셨어도 당신에게는 애초에 아무것도 없으셨는데, 이제는 그나마도 다 버리신 듯 45킬로그램밖에 안 남은 몸무게로 흰 수염을 날리며 한결같이 산에 다니셨다. 어느 날 그냥 산에 스며드시고 말 것처럼 가볍게.

조약돌이 반짝인다. 그 반짝임 속에서 여러 해 지나지 않아 내 눈에 어릴 눈물을 미리 생각하게 된다.

그래도 한 사람은
살아야 한다고 할 때

누구를 살려야 할까? 1943년 바르샤바 게토에서 일으킨 무장 봉기가 나치에 진압되었을 때, 민족 전체가 절멸당하여 아주 사라지려는 위기에 처했을 때, 유대인들은 남아 있는 온 힘을 모아 한 사람을 구출하기로 결정했다.

그들은 어찌어찌 그 한 사람에게 위조된 온두라스 여권을 구해주고, 그를 프랑스 비텔에 있는 수용소로 옮겨지게 했다. 비텔 수용소는 해외에서 붙잡힌 독일군 포로와 맞바꾸어 풀어 주기 위해 임시 수용된 유대인들이 있던 곳이다.

유대인들에게 자신들은 다 사라져도 남아 있어야 할 그 마지막 한 사람이 시인이었다. 자신들이 게토에서 겪은 그 모든 일을 기록하여 민족이 사라진 후에도 그 이야기를 글로 전할 수 있는 사람. 그 시인을 절체절명의 순간에 구해놓고 그들은 죽었다.

그 시인 이작 카체넬존은 자신이 왜 살아남았는지를 잘 알고 있었다. 쉰 살이 넘어 무장봉기에 참여했던 사람이기도 했다. 그가 옮겨가 있던 비텔 수용소는 해외로 풀려날 유대인을 수용하는 곳이지만, 수용소는 수용소였다. 글을 쓸 수 있는 곳이 아니었다.

일 년 반 정도 수용되어 있는 동안 카체넬존은 그 모든 것을 4행씩 15연으로 구성된 열다섯 편의 긴 노래로 만들어 머릿속에 담고 있었다. 마침내 어찌어찌 글을 쓸 수 있게 되었을 때 그는 사흘 동안 깨알 같은 글씨로 노래를 적어 여섯 부를 만들어 숨겨두었다.

그 직후 그의 여권이 위조임이 발각되어 그는 곧바로 아우슈비츠 가스실로 실려가 목숨을 잃었고, 숨긴 여섯 부 중 두 부가 나중에 세상 밖으로 나왔다. 한 부는 풀려나는 유대인의 가방 가죽 손잡이를 뜯고 그 안에 넣어 꿰맸던 것이고, 다른 한 부는 유리병에 담아 수용소 안 전나무 아래 파묻었던 것이다.

제2차 세계대전이 끝나고 어수선하던 때 그의 글은 파리에서 출간되었으나 그다지 주목받지 못했다. 다시 출간된 것은 1994년 독일에서였다.

아주 오래전 조그만 출판사에 우연히 들른 적이 있었다. 사장은 내게 신문 문화면 기사를 오린 성냥갑만 한 종이를 내밀며 기사에 소개된 책을 구해줄 수 없겠냐고 했다.

어렵사리 구한 책이 독일에서 우송되어 왔을 때, 나는 유대독일어를 독일어로 옮긴 그 책의 독역자가 시인 볼프 비어만임을 알았다. 마침 내가 막 번역을 끝낸 시가 비어만의 작품이었기에 나는 그대로 보내려던 책의 비닐 포장을 뜯어 책을 열어보았다.

그 순간부터 책을 손에서 내려놓지 못했다. 사흘간 식음을 전폐하다시피하고 똑바로 앉아서 그 책을 다 옮겼다. 그렇게 한 번역과 함께 출판사에 책을 가져다주었다. 그러나 그 작은 출판사는 책을 더 낼 수 있는 형편이 아니었다. 일부만 잡지에 실렸다.

몇 년이 흘러가고, 나는 아우슈비츠 이야기를 좀 해달라는 부탁을 받고 광주로 갔다. 강연 끝에 그 노래, 억장이 무너지는 카체넬존의 시 한 편을 읽었다.

그런데 몇 달 후 어떤 낯선 사람이 내 연구실 문을 두드렸다. 그 사람은 강연 말미에 내가 낭독했던 그 노래를 들었다면서 나머지를 마저 다 들어야겠다고 했다. 원고를 내주었다. 그렇게 낯선 이에게 준 원고는 그 사람의 손으로 책이 되어 돌아왔다.

《유리병 속의 편지》라는 제목과 '뿌리 뽑힌 유대인의 큰 노래'라는 부제로 내 곁에 남아 있게 된 작은 책. 그 책이 내 곁에 있기까지의 기나긴 이야기는 오래전 이야기이건만 또다시 새롭다. 문학이란, 글이란 무엇인가를 늘 새롭게, 정수리를 치듯 일깨워주는 것이기 때문이다.

 언젠가 누군가가 발견할지도 모른다는 희망으로, 그 막막한 희망만으로 유리병에 담아 망망대해에 띄우는 글처럼, 진정한 마음을 담은 글은 언젠가, 어딘가에 가 닿는다. 가 닿고야 만다.

몹시도 귀한 것,
가장 귀한 것

글라디올러스를
등에 지고

사진 한 장과 유리공 하나가 내게 남아 있다. 한 삶으로부터. 치열했기에 아름다웠고 마무리가 더욱 아름다웠던 친구의 삶으로부터.

 사진 속의 나는 글라디올러스를 배낭에 담아서, 배낭에 다 들어갈 길 없어 비쭉비쭉 솟은 글라디올러스 꽃가지들을 한 짐 등에 지고 떠나고 있다. 친구가 세상 떠나기 전에 찍어서 보내준 사진이다.(언제 찍었을까. 병상의 창가에서 떠나는 나의 뒷모습을 바라보고 섰다가 찍었을 것이다.)

 그 여름 독일에서 갑자기 가장 가까운 친구 셋이 누웠다. 모두 유난히 치열하게 살았고, 많이도 일했고, 이룬 것도 많은 사람들이었다. 정신없이 일만 하고 살던 사람들이 독일 여기저기에서 약속이나 한 듯 한꺼번에 중병에 걸려 누워버린 그 여름. 그들과 사는 게 별반 다르지 않던 서울의 나는 어찌할 바를 모르고, 그냥 앉은 자리에서 섰다가 앉았다가만 하다가 독일로 갔다.

내가 무얼 하겠는가. 그중 하나는 자신이 의사였다. 내가 해줄 수 있는 일은 세상에 아무것도 없었다. 그렇다고 그냥 가만히 있을 수도 없었다. 그들이 겪고 있는 그 큰 고통을 단 한 순간만이라도 덜어줄 수 있기를 간절히 소망했다. 독일로 가기 전에 아주 조금 마사지를 배웠다.

독일에서 내가 머문 곳은 프라이부르크, 독일 서남쪽 끝이다. 친구들은 독일 중간쯤에, 또 동남쪽 끝쯤에 있었다. 독일 한중간에 있는 친구를 가장 먼저 찾아갔다. 나보다도 훨씬 나이가 적은데, 병이 가장 중했다. 골수암 말기였다.

차편이 복잡해서 일찍 출발했건만 오후 늦어서야 기차가 에어랑엔에 닿았다. 나는 역에서 꽃 한 송이 살 마음의 여유가 없었다. 조금도 시간을 버릴 수 없어 곧바로 택시를 타고 친구 집으로 갔다.

에리카는 뜻밖에도 아주 고운 차림으로 나를 맞아주었다. 머리카락이 없어진 머리에 옷과 색깔 맞춘 고운 옥빛 터번을 두르고 있었다. 그 파리한 모습이, 내가 보았던 그 어느 때의 그녀보다도 더 아름다웠다. 눈이 하도 맑아져서 고운 성녀 같앉다.

　꽃 한 송이 못 사왔다 했더니 꽃은 있다며 창턱의 큰 화병에 꽂힌 글라디올러스들을 가리켰다. 예쁘다고 했더니 이 며칠 호전이 되어 오늘 처음으로 근처의 꽃밭까지 산보를 해서 꺾어 왔고, 내일 괜찮으면 그 꽃밭에 함께 가보자고 했다.

　세상 모든 음식이 비누 맛, 소금 맛이라면서도 친구는 내가 저녁 먹는데 곁에 앉아 동무를 해주고, 나도 그래서 먹게 되고, 또 서재에다 내 잠자리를 마련해주었다.

　나는 친구가 잠들기 전까지 서툰 마사지를 가만가만 해주었다. 편히 잠드는 것 같았다. 그러고 나서 서재로 온 나는 가득한 책들 가운데서 만감이 엇갈려 잠을 못 이루고 톨스토이의 《이반 일리치의 죽음》을 넘기며 뒤척였다.

　아침에 친구가 산보를 할 수 있겠다며 함께 글라디올러스 밭까지 가자고 했다. 조심조심 함께 걸어갔다. 집에서 멀지 않은 숲 가장자리의 그 꽃밭은 화원 주인이 키우는 듯 꽃들이 만발해 있고, 누구든 원하는 대로 꺾어 가고 밭 앞에 달아놓은 통에다 값을 계산해서 넣으면 되는 곳이었다. 친구는 꺾지 않고 나만 색색깔의 글라디올러스를 한 아름 꺾었다. 오늘 찾아갈 다른 친구들에게, 무엇보다 이 밭에서 친구와 함께 꺾은 꽃을 가져가고 싶었다.

　그 글라디올러스를 배낭에 꽂아 등짐으로 지고, 나는 떨어지지 않는 발길을 돌려 친구 집을 나왔다. 이번에는 그냥 내

쳐 걸어서 역까지 갔고, 몇 시간인가 기차를 타고, 지하철을 타고, 또 걸어서 다시 황혼 무렵, 다른 친구 집에 닿았다.

두 친구는 감사하게도 회복되었지만, 그 곱디 고운 에리카는 다시 만나지 못했다. 마지막 모습이 그토록 고왔기에 믿어지지 않는 부음을 듣고 ― 골수이식을 하겠다고 나선 동생의 뜻을 거절했다 한다 ― 섰다가 앉았다가 하다가 그냥 집을 나서서 에어랑엔까지 갔다.

다시 해가 기울 무렵 그 집 앞에 닿아, 나는 무작정 길가에 서 있었다. 독일에서 문상을 한 경험이 없어서 어찌해야 할지 몰랐다. 어떤 상황인지 몰라 갑자기 문을 두드릴 용기도 안 났다. 누군가가 나오면 말이라도 한마디 하고 갈 생각이었다.

두세 시간 지나서 누군가 나왔고 나는 이끌려 들어갔다. 슬픔에 잠겨 자기들끼리 집 안에 모여 있던 형제들이 아주 고마워했다. 내가 다시 떠날 때 형제들은 에리카의 유품을 하나 가져가라고 했다. 망설이다가 나는 작은 유리공 하나를 집었고, 그 공을 손에 꼭 쥔 채 지난번에 글라디올러스를 지고 갔던 머나먼 길을 되밟아갔다.

다른 두 친구들에게로 가서 다시 조금 마사지를 해주고 나서 독일 서남쪽 끝 프라이부르크로 돌아왔다. 그렇게 독일을 거의 한 바퀴 도는 동안 내가 주저앉지 않은 것은 내내 손에 쥐여 있었던 유리공 덕분이었던 것 같다. 그 작은 유리공은 지금 내 책장에 놓여 있다.

가끔씩 유리공을 가만히 손에 쥐어본다. 따뜻함이 느껴질 때까지 쥐고 있는다. 그녀는 마지막 문턱 앞에서 어찌 그리 아름다웠을까. 아름다운 글라디올러스 밭을 내게 보여주려고 힘을 다해 걸었다. 꽃을 지고 가는 내 모습을 사진까지 찍어 보내주었다. 무엇일까, 마지막 문턱 앞에서 사람에게 그런 초인적인 배려의 마음과 아름다움을 부여한 힘은?

주저 없이 고통 곁으로 달려갔던 것, 그냥 잠시 그 곁에 머물러 있었던 것. 그러니까 내가 한 번쯤 잘한 일도 있었던 것 같다. 그렇게 생각한다고 한 사람이 떠난 빈 자리가 채워질 리는 없지만, 인생의 쓸쓸함이 아주 조금은 달래지는 것 같다.

어리석은 채로
셈이 안 되는 채로

"히— 히— 공부해야지……."

그런 일도 있었다. 작은 방 한 칸의 뮌헨 숙소, 욕실로부터 책상까지의 서너 걸음을 딛는 동안 저도 모르게 입에서 그런 혼잣말이 흘러나왔다. 얼마나 한심하던지. 손에 든 책을 놓지 못해서 화장실을 못 가고 있다가 읽을 책이 몇 장 안 남자 문득, 다 읽어버리는 것이 아까운 생각이 들었고, 그제서야 겨우 자리에서 일어나 잽싸게 화장실을 다녀오던 참이었다. 도대체 내 나이가 몇이던가.

그런 천치 같은, 쉰여덟 아낙이 읽고 있던 작은 책은 푸코의 《담론의 질서》였다. 그의 전형적인 지식론, 담론론이 무르익은 데다 어눌을 가장한 듯한 재치와 인간적 매력까지 더해진 강연문인 터라 매료되었던 것 같다.

글의 힘, 아직도 때로는 세상을 움직이기도 하는 글의 힘이 어디에서 나오는가는 지난 몇 년간 골똘히 생각해온 주제이다. 그런 글들은 어떻게 쓰이는 걸까. 제대로 공부를 했더라면 이제쯤은 가끔 그런 글을 스스로 쓸 수도 있어야 하건만, 이제야 가까스로 그런 글들을 찾아 읽을 수 있게 된 것 같다.

읽기는 쓰기와 맞닿아 있는 것이어서, 편중된 읽기는 수상쩍다. 억제된 쓰기의 이면일 수 있다. 그 수상쩍음의 접점에서 장구한 세월 곡예를 해온 것 같다. 천성이 수줍어 글쓰기라는 표현예술에 매진할 용기가 없었다. 어리석게도, 스무 살부터 서른아홉 살까지 글을 쓰지 않았다. 공부를 안전지대로 삼지 않았나 하는 혐의에서 벗어나지 못한 채.

서른아홉부터는 더 이상 글을 안 쓸 수는 없어 글을 쓰지만, 그 역시 굴곡이 많다. 그침 없이 쓰지만 장터에 낼 글을 쓸 힘은 아직도 없다. 읽어야 할 책, 공들여 가르쳐야 할 보석 같은 제 학생들을 제쳐두고 남의 가게 기웃거리며 나다닐 염치도 없었다.

근년에 글이 나의 의도와 무관하게 온통 남의 나라 말로 쓰이는 것은, 남의 나라에서 글을 내다 팔거나 글로 명성을 떨친다는 건 어차피 있을 수 없는 일인지라, 장터 생각 안 하며 쓸 글을 쓸 수 있는 장점 때문에 무의식중에 이루어진 선택일 것이다. 무엇을 얻을 생각이 무의식에조차 없는 채로, 써야 할 글을 쓰기까지는 참 오랜 세월이 걸렸다. 허영심 없는 예술은, 적어도 내 경우에는, 거의 불가능할 만큼 어려운 일인 것 같다. 삶과의 괴리만 적나라하다.

예컨대 경제관념이 없다. 또한 돈을 쓸 기회도, 가끔 학교 식당에서 학생들에게 밥을 사주는 것 외에는 별로 없다. 더 벌어들일 시간이야 더더욱 없다. 그럼에도 살아졌다. 그것도 남 보기에 썩 잘 살아졌다. 내 아이들은 저렇게 계산이 안 되는 사람이 살아 있다는 것 자체가 기적이라고 하는데도 말이다.

또 세상사에 서툴다. 많은 사람과는 다른 방향으로 세계가 넓혀지다 보니 시간이 갈수록 다른 사람들과 보조도 점점 어긋났다. 학생들이야 스펀지 같아서 나의 별스러움도 부족함도 다 받아들이고 소화한다. 무엇보다 적절히 아낄 줄을 몰라서 쏟아붓는 사랑도 왜곡 없이 다 받아들인다.

그러나 굳어진 세상 사람들은 좀 다른 것 같았다. 특히 무엇을 얼마만큼 얻기 위하여 무엇인가를 얼마만큼 하는 데 익숙한 사람들은 그 비례로 세상을 재는 터라, 계산 없이 쏟아 넣는 일에 대해서는 이해가 없다. 저만큼 일을 하는 데는 무슨 무서운 야심이, 속셈이 숨어 있을까 하는 터무니없는 유추의 자를 들이대기도 했다. 그때마다 궁극적으로는 부족한 나를 돌아보고, 경계를 제대로 긋고, 내 일에 전념하는 기회가 되어 오히려 감사하기는 했지만, 참 아팠다.

간혹 그런 일이 있다 해도, 돌아보면 글을 배워 좋은 글들을 읽을 수 있었던 것이야말로 더할 나위 없는 축복인 것 같다. 글을 만나고, 글을 통해 사람을 만나고, 또 같은 글을 읽은 사람들을 직접 만나게도 되고……. 얼마나 많은 소중한 사람들을 만났는지, 그 사람들의 마음속이야말로 내 삶의 천상적 지분인 것 같다.

　돌아보니 천치가, 세상에서 한 가지는 야무지게 해낸 일이 있다. 좋은 도서관들에 내 자리를 만든 일이다. 뮌헨에도, 베를린에도, 바이마르에도, 케임브리지에도, 잠시 들른 더블린에까지도 'G' 자 어름의 서가 근처 창가 ― 근년에 Goethe(괴테) 연구에 몰두한 탓이다 ― 한 그루쯤 나무가 가지를 드리운 곳에 내 자리가 있다. 세상 어딘가에, 곳곳에, 나를 아끼는 사람들이 그리로 나를 찾아올 만큼의 내 자리가 있다는 건 얼마나 큰 부유함인지. 도서관에서야 어딜 가든지 그냥 앉아만 있으면 내 자리가 되니 쉬웠다. 달리 지상 어디에 그리 쉽게 한 자리가 생기겠는가.

　언젠가 학내 소식지에서 시 한 편을 소개해달라는 주문에 괴테가 노년에 쓴 시를 소개한 적이 있었다. 제목도 없는 참 짧은 시였다.

　　예술과 학문을 지닌 자
　　종교도 가진 것이다.

그 둘을 소유하지 못한 자
종교를 가져라.

종교를 내려깎는 것이 아니라 학문과 예술을 한껏 높이는 말이다. 노년의 지혜가 배인 대시인의 과감한 단언을 내가 흉내 낼 수야 없지만, 그래도 예술 혹은 학문이 내게 무엇이겠는가를 이제 생각해보면, 이렇게 정리될 것 같다.

학문 ― 이 천치의 종교. 이제, 그 밖의 모든 것을 거의 다 버린 이제야, 읽기와 쓰기가 내게서 시작되려는 것 같다.

돌아보면 글을 배워 좋은 글들을 읽을 수 있었던 것이야말로
더할 나위 없는 축복인 것 같다. 글을 만나고, 글을 통해 사람을 만나고,
또 같은 글을 읽은 사람들을 직접 만나게도 되고……
얼마나 많은 소중한 사람들을 만났는지,
그 사람들의 마음속이야말로 내 삶의 천상적 지분인 것 같다.

토리노 포 강변의 할아버지

늘 빠듯하게 학회에 다녀오거나 도서관에 앉아 있다가 오는 것이 고작인데, 이번에 독일에서는 한 가지 일을 더 했다. 아는 사람이 몹시 아파서 문병을 갔다가 환자가 기뻐하는 바람에 매일 두어 시간을 병원에서 보내게 되었다. 서툰 안마를 해주며 이런저런 이야기를 하면서.

어느 날, 파티에라도 가는 듯 분홍빛, 초록빛 옷을 곱게 차려 입은 멋쟁이 할머니 한 분이 병실로 들어섰다. 문병객인가 했더니 곧 간호사가 새 침대를 밀고 뒤따라 들어왔다. 다음 날, 환자복을 입고도 여전히 빛깔 고운 액세서리를 갖추어 곱기만 한 그 할머니와 이야기를 하게 되었다.

대화 도중에 갑자기 내 환자가, 자신의 탁자 위에 놓인 작은 약 컵에 소중하게 꽂혀 있던 몇 개의 클로버 잎 중에서 네 잎 클로버를 골라내어 말없이 옆 병상으로 내미는 것이었다. 할머니 역시 말없이 손을 내밀었고, 그 내민 손에 네 잎 클로버가 가만히 놓여졌다. 고맙다는 나직한 한마디만 들렸다.

영문을 모른 채로 나는 얼른 일어나서, 그쪽으로 옮겨간 클로버도 시들면 안 되니 약 컵부터 하나 더 구해다 물을 받아 오는데 곧 병실 문이 열리고 간호사 둘이 들어와 침대를 밀고 나갔다. 내가 돌본 환자가 옆 환자의 수술시간을 유념하고 있다가, 그사이 어떻게든 구해서 시들지 않게 간직해둔 네 잎 클로버를 건네며 말없는 응원을 보낸 것이었다.

내가 돌보러 간 환자 본인은 중한 병에다 수술이 치명적으로 잘못되어 위험한 고비는 간신히 넘겼지만, 벌써 6주일째 누워 있는 사람이었다. 할머니 쪽은 곱디고운 차림으로 명랑하게 왔지만 혼자서 수술을 받으러 온 사람이었다.

수술은 잘 된 듯, 다음 날 보니 할머니의 고운 표정에 흐트러짐이 없었다. 이번에는 할머니가 문득 내 환자에게 이것 좀 보라며 손을 내밀더니 자신의 손바닥을 펴 보였다. 초록빛 도는 까만 돌멩이 하나가 놓여 있었다. 언젠가 남편이 여행에서 가져온 선물인데 늘 주머니 속 아니면 손안에 있었다고 했다.

조그만 돌멩이는 반들반들 윤이 났다. 얼마나 많은 세월

동안 손 안에 있었으면 저리 되었을까. 아니면 처음부터 저렇게 반들거렸던 것일까. 내 환자가 가만히 한참 그 돌멩이를 쥐고 있었다. 나도 가만히 쥐어보았다. 조금 따뜻했다. 그 돌멩이 하나를 쥐고 있으려니 저 고운 할머니가 견뎌온 외로움의 세월이, 마치 내가 살아온 것인양 아프게 눈앞에 그려졌다. 두 환자 사이에 건네진 말 없는 말도 들리는 듯했다.

'이것 하나 들고 나도 견디고 살았거든. 지금 잠시 아플 뿐, 행복한 당신도 견뎌.'

나마저 내 손바닥을 들여다보았다. 거기 내 빈 손바닥 안에도 남아 있는 따뜻함이 보였다.

아득한 이탈리아 토리노의 포 강변. 힘겨운 강연을 끝내고 몹시 지쳤던 나는 인적 없는 강둑에 위태롭게 앉아 쉬고 있었다. 난데없이 노인 하나가 나타나서 말을 걸었다. 전도를 하려는 것 같았다. 푸른 하늘을, 빛나는 태양을, 애초에 좋은 뜻으로 세상을 지으신 하느님 이야기를 자꾸자꾸했다. 조금 무섭기도 하고 무엇보다 피로한 탓에 귀찮아서 웬만하면 떨치고 싶었다.

이탈리아어는 배운 적이 없지만, 몇 가지 유럽어가 낯설지 않은 덕에, 또 노인이 같은 말을 자꾸 되풀이했기 때문에, 하는 말을 알아들을 수는 있었다. 그러나 내 뜻을 전할 수가 없었다. 어떤 언어로도 안 되었다. 마침내 나는 화난 표정을 지을 수밖에 없었다. 하는 수 없다는 듯 노인은 자리를 떴다. 그러나 떠나기 전에 대여섯 번이나 오른손, 왼손, 또 오른손, 왼손을 층층으로 번갈아 굳게굳게 쥐며 "차오(안녕)"를 되풀이했다.

뜨거운 햇볕 속에서 기나긴 강둑을 천천히 다 걸어서 그 노인의 모습이 아주 사라진 후에야 나는 화들짝 깨달았다. 내가 그 노인이 한 이탈리아어 말은 알아들었지만, 뜻은 전혀 알아채지 못했음을. 자살이라도 할 참인 듯, 외딴 곳에서 맥을 놓고 위태롭게 앉아 있는 조그만 가엾은 동양 여자를 어떻게든 설득해보려 했던 것이다!

그런 노인에게 나는 얼마나 못할 짓을 하였는가.

가끔씩 힘겨울 때면 내 손바닥을 들여다본다. 따뜻함이, 그 간절하던 "차오"가 서려 있다. 이제 몹시 아픈 사람들의 손 위에 놓였던 작은 돌멩이의 온기, 또 작은 네 잎 클로버의 초록빛이 조금 더해질 것 같다.

그 돌멩이 하나를 쥐고 있으려니
저 고운 할머니가 견뎌온 외로움의 세월이,
마치 내가 살아온 것인양 아프게 눈앞에 그려졌다.
두 환자 사이에 건네진 말 없는 말도 들리는 듯했다.
'이것 하나 들고 나도 견디고 살았거든.
지금 잠시 아플 뿐, 행복한 당신도 견뎌.'
나마저 내 손바닥을 들여다보았다.
거기 내 빈 손바닥 안에도 남아 있는 따뜻함이 보였다.

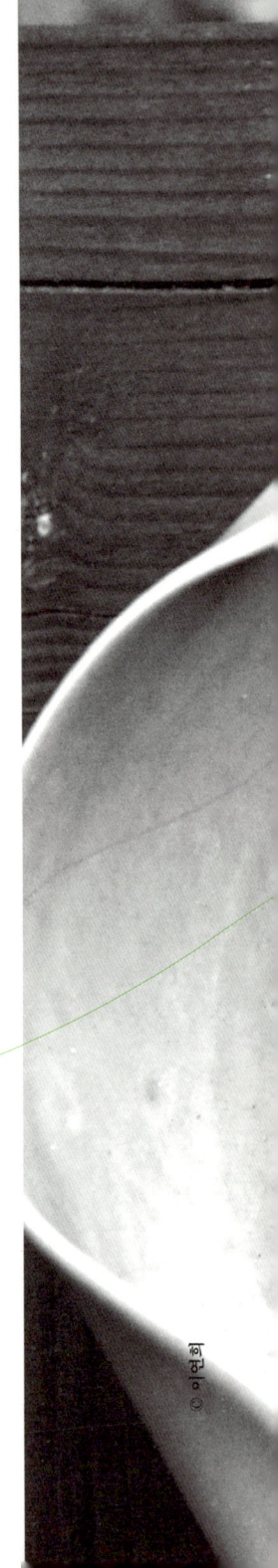

아들의
식당

 지난여름 아들이 조그만 식당을 열었다. 어려서부터 세상 모든 것을 직접 해봐야 직성이 풀린다는 기세여서, 나는 늘 아들 앞에서 조마조마했다. 그 마음을 한껏 덜 내색하는 것이 부모로서 가장 어려웠다.

 나는 아들이 무슨 일을 해도 놀라지 않을 각오가 되어 있다고 생각했건만, 아이는 늘 그보다 한 수 위였다. 중학교 시절 별명이 성이 사라져버린 '잠세건'이었다. 밤새 자기 좋은 일을 하니 낮에 학교에 가서는 잘밖에.

 아들이 요리사가 될 수도 있다는 것을 실은 진작 알았어야 했다. 내 수업을 듣던 어떤 학생이 어느 날 나를 보고 "아드

님에 대한 정보를 좀 드려도 될까요?" 하기에 놀라서 웃으며 어디 좀 주어보라고 했더니 그 학생 말이 "아드님이 낮에는 대학에 다니지만 밤에는 인터컨티넨탈 호텔에서 요리를 한답니다" 하는 것이었다. 놀라웠지만, 뭐 또 해보는 것이려니 했다.

내 쪽에서 조짐을 본 적도 있다. 어느 날 우연히 아들이 트렁크 싸는 것을 보고 어딜 가느냐고 물었더니 '일본어가 녹이 슬어 기름칠을 좀 하러 간다'는 것이었다. 그런데 트렁크를 기웃해 보니 커다란 식칼을 집어넣는 참이었다. 내가 너무 놀라서 펄쩍 뛰며 공항에서 어쩌려고 그러느냐고 말렸다. 9·11 테러 이후라 공항 검색이 유난하던 때였다. 트렁크는 부칠 짐이라 괜찮다기에, 그래도 너처럼 조폭같이 생겨서 그런 무시무시한 식도가 집에서 나오면 무슨 일을 당할지 알 수 없으니 칼이 꼭 필요하거든 일본 칼 좋으니 거기 가서 하나 사라고 통사정을 했다.

그때는 칼을 두고 갔다. 나중에 보니 가끔씩 그렇게 도마 하나, 칼 하나 챙겨들고 일본에 가서 묵을 곳도 확보하고 일본어도 익히고 요리도 더 익히는 눈치였다. 요리 잘하는 사람이야 어디서든 환영받지 않겠는가.

그러다 집 안에서 이탈리아어 교본이 눈에 뜨일 때쯤에는 이제부터 아주 요리로 나가나 보다 싶긴 했다. 라틴어 기반이 있으니 이탈리아어쯤은 쉽게 배울 테지. 거기도 사람들이 밥 먹고 사는 곳이니 칼, 도마 들면 살겠지 하고 편하게 생각했다.

이탈리아에 가 있는 동안 가끔씩 통화하다 보면 있는 곳이 늘 달랐다. 치즈로 유명한 파르마에서부터 시작하여 여러 지역을 두루 다니며 수련을 본격적으로 쌓는 것으로 짐작되었다. 이탈리아에서 돌아올 즈음은 나이도 제법 되어서 혹시 개업을 하지 않느냐고 조심스럽게 물었더니 "바로 개업하면 망하는 지름길이죠" 그러기만 했다.

그러고는 또 상당히 오래 연락이 없다가 전화가 닿았을 때, 어디 있느냐고 했더니 청송이라고 했다.

"청송이라고? 그 오지 중의 오지에는 또 왜?"

아들은 청송 도살장에 와 있다고 했다. 도살육을 다루는 법을 배운다고 했다.

한번은 만난 김에 힘들지 않느냐고 물었더니 뜻밖에도 "뭘요" 하는 대신 "좀 힘드네요" 했다. 평소 아들답지 않은 대답이라 왜 그러냐고 물었더니 간단히 이야기를 했다. 좋은 요리를 하고 싶은데 경영하는 주인은 수익을 내야 하고, 수익을 많이 내려 할수록 요리 재료가 나빠질 수밖에 없는데 그러면 당연히 음식이 좋아질 수가 없다는 것이었다. 또한 좋은 요리를 먹는 사람이 다 알아주는 것도 아닐 것이다. 아들은 그때 아주 좋은 프랑스 식당에서 일하고 있었는데도 그런 말이 나왔다.

그때, 안쓰러움뿐만 아니라 아들이 이제 정말 요리사가 되었구나, 좋은 요리사가 되었구나 하는 확신이 들었다. 미더웠다. 요리도 예술과 똑같구나. 정말 좋은 것을 만들어내고 싶은 마음과 시장의 논리는 그 어디서든 충돌하는구나. 다른 점이 있다면, 오히려 예술 쪽이 요리처럼 즉석에서 사람을 기쁘게 하기는 어렵지 않을까 하는 것이었다.

어쩌다 밤늦게 아들의 식당에 가보면 — 아마도 청송 도살장에서처럼 — 아들은 쇠그물 장갑을 끼고 큰 고깃덩이를 붙들고 뼈에서 살을 발라내고 있었다. 그 살로 소시지를 만들고 햄을 만들고, 또 면을 만들어 그 소시지를 넣은 요리를 만들었다. 혼자서 그 모든 것을 다 한다. 저러다 손목이 얼마나 견디랴 싶어 안쓰러운 마음이 앞선다. 누군가 인터넷 평을 찾아보았더니 주인이 취미로 식당을 하는 부잣집 아들인 모양이라는 글도 올라 있다고 했다. 그 가격에 그만한 위치에서 그런 요리가 나올 수는 없다고 생각한 사람이 썼음에 틀림없다.

개업한 지 얼마 되지 않았을 때 가보니 와인 잔이 한 종류뿐이었다. 개업 기념으로 와인 잔을 조금 더 선물해도 될까 하고 물었다가 정중하게 거절당했다. 아들 말이, 잔을 더 못 사서가 아니고 와인 잔을 다양하게 갖추어놓으면 식당이 럭셔리해서 못쓴다는 것이었다.

고맙고 든든했다. 좋은 밥을 많은 사람에게 먹이고 이야기도 나누며 살겠다는 뜻이구나 싶어서. 그러나 그렇게 해서 큰돈이 벌릴 리야 없고 부디 유지만 되었으면 좋겠다. 팍팍한 서울 한가운데 좋은 주막 하나쯤은 있어야 하지 않겠는가. 편

한 사랑방이 된다면 더욱 좋겠지. 그러나 혼자 그 많은 일을 하는 사람이 아들이다 보니, 요리 과정을 다 볼 수 있는 그 식당에 앉아 밥을 기다리고 있노라면 안쓰럽다. 마음이 아슬하면서도 또 한편으로는 든든하다.

평생 허공에다 글을 써온 나와는 비할 바 없이 세상에 유익하게, 거기 화덕 앞에, 아들은 서 있는 것 같다.

은인을
찾습니다

"은인을 찾습니다."

그렇게 써서 두루 세상에 쪽지라도 한번 붙여보아야 할 듯한 마음의 빚이 한 가지 있다.

아버지께서 아직 건강하시던 어느 해. 여든이 훨씬 넘은 고령에도 아버지는 원주에 있는 협동회사에 일 년간 꼬박 상근을 하셨다. 회사 가까운 곳에 작은 방 하나를 얻어 낮에는 출근해 계시고 저녁 무렵에는 치악산 쪽으로 만 보쯤 걸으신 뒤 밤에는 자서전을 집필하셨다.

유난스러운 폭우가 장시간을 두고 쏟아진 어느 여름 늦은 밤, 원주 기독병원으로부터 다급한 연락을 받았다. 아버지께서 폭우 속에 노상에서 혼절하신 채 발견되어 병원으로 수송되었는데 수첩에서 가족의 연락처가 나와 연락한다는 것이었다.

동생과 연락하여 즉각 집을 나섰는데 이루 말할 수 없이 세찬 폭우여서 잠수함 형국이 된 자동차는 장대비 속에서 마냥 지그재그로 흔들렸다. 그렇다고 속도를 늦출 수도 없어 다급히 우리는 달려갔고, 감사하게도 위기를 모면하고 새벽이 되어 의식과 안정을 되찾으신 아버지를 서울 병원으로 모시고 왔다.

연로하셔도 등산으로 단련된 분인데 어쩌다 의식을 잃고 노상에 쓰러지기까지 하셨는지 놀랍기 그지없었다. 그것도 캄캄한 밤인데 인적 드문 곳에서 우연히 어떤 여학생이 발견하고 경찰에 연락을 해서 그만큼 조처가 되었다는 것이다.

누군가가 쓰러지신 분 가까이로 지나쳐갔고, 발견하였고, 신고까지 해준 것은 그야말로 하늘이 돕고 신이 도운 일이었다. 그 캄캄한 밤, 외딴 곳, 장대비 속에서 의식을 잃으신 분이 방치되었더라면 어떻게 되었겠는가. 눈앞이 아찔했다.

나중에 연유를 여쭈었다. 그 비가 오긴 했지만 늘 하시던 일이라 치악산 쪽으로 가셨는데 중년을 넘어선 듯한, 그러니까 내 또래의 여성이 그 비를 다 맞고 걷고 있는 것을 만나셨다고 했다. 아버지께서는 등산복이 방수라 당신은 괜찮다며 쓰고 계시던 우산을 주시면서 쓰라고 하셨다고 한다. 그런데 그 여성이 거절하며 하는 말이, 죽으러 나왔는데 까짓 비 좀 맞으면 어떠냐는 것이었다고 한다.

그 말을 들은 때부터 아버지는 그 죽으러 나왔다는 딸 또래의 여성을 설득하기 시작하셨다고 한다. 그 빗속에서 장시간을. 그리하여 마침내 그 여성을 다시 그이 집까지 데려다주고 돌아서서 길을 되짚어 오시다가 변이 난 것이었다. 죽으려던 사람은 살려놓았는데 아버지 자신이 그만 탈진하여 쓰러져 버리고 만 것이었다.

입이 마르도록, 혀가 타도록이 아니라 의식을 잃도록, 목숨이 다하도록 그 밤의 그 빗속에서 노인이 딸 같은 낯모를 여성에게 하셨던 이야기…….

부디 그이를 다시 집까지 이끌어가기만 한 것이 아니라 그이를 삶에 굳세게 못 박았기를 바란다. 차마 상상도 할 수 없을 만치 어려운 삶을 사셨던 내 어머니도 더는 견디기 어려워 그 단정하고 고우신 분이 몸 던지려고 물가에 앉으신 적이 있고, 그때 누군가가 그렇게 살려내셨다. 그래서 나도 세상에 있다.

그 밤 그 빗속에서 아버지를 구한 것은 그저 지나가던 여학생이 아니라 하늘이 보낸 이였을 것 같다. 그런데 세상에 내가 그 여학생을 찾아가지 못했다. 아버지께서는 회복되신 후에 어찌어찌 찾으셔서 당신 나름으로 감사의 인사를 하신 것 같은데, 독일과 한국을 오락가락하며 허겁지겁 지내던 나는 미루기만 하다가 그 여학생을 찾아갈 기회를 영영 놓쳐버렸다. 찾아가셨던 아버지한테서 이름과 연락처라도 받아두었어야 하건만. 언젠가 갈 수 있을 때 아버지께 여쭙고 가려니 했다. 몇 년 뒤 아버지께서 돌아가신 다음에야 그걸 못 여쭈어두었던 것에 가슴을 쳤다. 가슴 칠 일이 그것뿐이었으랴.

 이제는 어른이 되었을 그 은인을 찾아낼 길은 없지만, 그이에게 모든 삶의 축복이 내리기를 비는 내 마음이 어떻게든 전해지기만을 바랄 뿐이다. 그이가 내 아버지를 구해준 것은 내가 조금씩 다른 사람들에게 나누어라도 갚아야 할 큰 은혜이고, 그러는 것이 어떻게든 나의 감사가 조금이나마 그이에게 전해질 길이라고 믿어본다.

열네 번을
여닫아야 하는 문

공부하는 주제에 따라 이곳저곳을 찾아가고, 또 때로는 불려 다니기도 하다 보니 책상물림이면서도 늘 떠돌이이다. 워낙 많이 다니다 보니, 불러준 사람과 때가 다르건만 불려가서 잠시 살게 된 곳이 드넓은 땅 위에서 같은 집인 경우도 있다. 광인 니체가 말년을 보내고 숨을 거둔 바이마르의 '니체 하우스'가 그랬다.

아주 오래전, 베를린 장벽이 무너졌을 때 맨 먼저 찾아간 곳 중의 하나가 그 명성 높은 고전의 도시 바이마르였다. 그때는 믿을 수 없이 쇠락한 구동독 소도시를 잠시 보고 놀랐을 뿐이고, 1995년 겨울 처음으로 제대로 바이마르에 가서 두 달을 머물렀다. (바이마르 괴테학회와 한국 괴테학회 사이에 협정이 맺어져서 선발대로 갔다.)

통일이 된 지 다섯 해가 지났건만 그때 바이마르는 아직 동독 시절의 낙후가 역력하고 무엇보다 어두웠다. 얼마나 어두웠는지 숙소는 바이마르 교외의 벨베데르 성 안에 있었는데, 도서관이 닫힐 때쯤 나와 버스를 타고 숙소 앞 정류장에 내리면, 한 15분쯤 불빛이라고는 한 점도 없는 가끔은 짐승들이 스쳐가기도 하는 캄캄한 어둠 속을 걸어야 했다. 어찌나 어둡고 무서운지 매일 간이 졸아드는 기분이었다. 이런 나를 가엾이 여긴 누군가의 주선으로 한 달이 지나고 니체 하우스로 숙소가 바뀌었다.

그런데 그 집 역시 만만치 않게 어두웠고 도무지 인기척이 없었다. 얼마나 어두운지, 나는 어딘가 높은 층의 방에 살았는데 이 방이야말로 광인 니체가 죽은 방이라고 믿어 의심치 않았다. 니체의 전기에는 그의 병 치료에 도움이 되는, 잦은 목욕을 위해 더운 물을 위층으로 나르는 수고가 언급되어 있기에 더더욱 그랬다.

집이 어둡기만 한 것이 아니라 온통 잠겨 있었다. 거실이 보존되어 있는 일층의 아카이브를 제외한 이삼층이 게스트 숙소였는데, 부엌과 샤워실은 지하에 있었다. 캄캄한 어둠 속에서 언덕을 올라 굳게 잠긴 그 집 대문에 열쇠를 꽂아 열고, 다시 열쇠를 꽂아 잠그고, 마당을 건너 건물 현관문에 다시 열쇠를 꽂아 열고, 다시 열쇠를 꽂아 잠그고, 위층 올라가는 문을 지나 무거운 문을 밀고 열고, 다시 내 방문에 열쇠를 꽂아 열고, 또 하나 방문을 열어야만 책상과 잠자리에 닿았다.

    차를 한 잔 마시고 싶은 생각이 간절해도 꾹 참곤 했다. 차 한 잔을 끓여 먹자면 지하실에 있는 부엌에 다녀와야 했는데, 부엌까지 도합 열네 번 문을 열었다 닫았다 해야 했다. 그중 문 둘은 온몸으로 밀어야 할 만큼 무거웠다. 그게 버거워서, 한밤중의 어둑한 지하실이 으스스해서 도무지 엄두가 나지 않았다. 샤워를 할 엄두는 더더욱 안 났다. 그렇다 해도 아주 안 내려갈 수는 없으니 욕실에 다녀오느라고 타월 한 장을 들고 혹은 찻잔 하나를 들고, 그렇게 열네 차례 문을 지나노라면, 그 인적 없고 괴괴한 건물 어디선가 금방 광인 니체의 부르짖는 소리가 울려올 것만 같았다.

    그로부터 17년이 지나 다시 그 니체 하우스에 가게 되었다. 이번에 내게 배정된 방은 3층이었다. 차 끓이러 가자면 역시 열네 차례 문을 지나야 하고, 열쇠를 다섯 번 꽂아서 돌려야 다시 내 방에 이르렀다. (그중 두 번은 자동이라 안 잠가도 되는데 그걸 모르고 꼬박꼬박 잠갔으니 그걸 아는데도 한 달쯤이 갔다.) 그래도 이번에는 내 방이 있는 층의 발코니에서 숨 돌릴 여유가 생겼다. 발코니에 서면, 온 바이마르 시가 전체가 야경으로 펼쳐졌다.

그러던 어느 저녁 큰 사고가 생겼다. 발코니에 서 있는데 무심코 그냥 열어두곤 했던 문이 어쩌다 '철컥' 저절로 닫혀버렸다. 그런데 그 발코니 문은 안에서만 밖으로 열리고 밖에서는 열리지 않는 문이었다. 세상에, 3층 발코니로 누가 튀어 올라온다고 문을 그렇게 해놓았는지. 차가운 겨울밤에 작은 발코니에 갇혀버린 것이다.

불이 켜진 방이 한 둘 있었으나, 그 방에 내 목소리가 닿을 길은 없어 보였다. 발코니에서 아래를 예의주시 하고 있다가 누군가가 대문을 열고 마당으로 들어서는 모습을 포착하면 그때 구원을 요청해야 했다. 그때까지 그 누구도 마주 치지 못한 집에서 기대하기 어려운 우연이었다. 날이 밝아 길거리를 지나가는 사람이 있을 때까지 나는 꼼짝없이 거기 서 있을 수밖에 없었다. 빈손에다 걸친 옷도 변변치 않았다.

얼마나 오래 막막하게 그렇게 발코니에 서 있었는지. 그러다 (하나뿐인) 발코니에 면한 방에 불이 켜졌고, 그 방으로 들어선 사람이 두터운 유리창을 통해서 바깥 어둠속에 서 있는 나를 알아차렸다. 사태를 간파한 그 사람이 얼른 나와 발코니 문을 열어주었다. 그런데 그 사람은 목욕 가운을 입고 있었다. 지하실에 있는 샤워실에서 올라온 사람 같지 않은 여유 있는 모습이었다. 안쪽에 문 하나가 조금 열려 있기도 했다.

구출에 감사하고 나서 나는 조심스럽게, 혹시 저쪽에 욕실이 있느냐고 물어보았다. 세상에 있다는 것이다! 같은 층에 욕실에다 부엌까지 말이다. 내 눈에는 닫힌 문들뿐이었는데 그사이 욕실과 부엌을 새로 만들어 넣을 만한 세월이 충분히 지난 것이었다.

시간을 내어 일층 아카이브도 돌아보고 숙소의 구조도 살펴보고 차근히 문들도 돌아봤다. 왜 그 문이 거기 있으며 왜 그렇게 생겨먹은 것인지. 자세히 보니 힘껏 밀어야 하는 두 문은 독일 특유의 철저한 방화의식으로 층마다 달린 방화문인 동시에, 관람객 많은 아카이브와 숙소를 철저히 차단한다. 다른 문들도 나름의 이유가 있었다. 내 방의 두 번 문을 지나야 책상에 닿는 구조는 연구자들을 위한 시설인 만큼 방 하나하나가 소음을 철저히 차단하고 있었다. (그래서 사람이라곤 없는 것 같았다.)

이후론 여유 있게 비록 문 둘을 지나서지만, 같은 층에 있는 부엌으로 가서 차 한 잔을 끓여 왔다. 그리고 무엇보다 니체의 선명하고 아름다운 글과, 온 세계로부터 와서 이 집에 머물다 간 석학들의 글도 다시 읽어 봤다. 열네 번의 문을 여전히 여닫게 하는 철저함과 그것이 어긋나서 간혹 처박히는 수렁까지, '인간적인 너무나 인간적인' 인간의 가능성 전모가 이 집에서는 너무도 선명했다. 그런 철저함이 아니고야, 저 명민한 니체가 미칠 때까지 글을 쓰지 않을 수 없었을 것이다.

새벽에 발코니 위에 서면, 천지를 채운 붉은 아침노을이 펼쳐진다. 광인 니체의 눈을 아프게 채웠을 서광이 변함없이 펼쳐져 이제는 내 눈을 찌른다.

손안에서
피어나는 꽃

아이들이 다 컸지만 지금도 아이들 생각을 하면 미안함에 가슴이 먹먹해진다. 아이들은 정말이지 저 혼자들 큰 것 같다. 제아무리 잠을 줄여도 내 아이들을 위해 낼 수 있는 시간은 정말 적었다. 직업이 학생들을 가르치는 것이 되고는 그 일이 중해서 내 가족, 내 자신은 언제나 맨 마지막이었다.

더 어려운 아이들이 세상에 많은 걸 알기야 하지만, 그래도 남모르게 가엾게 컸고 너무도 일찍 철이 들어버린 내 아이들에 대한 미안함이 아주 가시는 날이 올 것 같지는 않다.

아이들 생각을 하면 아이들에게서 받은 것만 자꾸 떠오른다. 정말이지 만만치 않았던 삶 자체가 그 애들이 있어서 지탱

되었다. 이제라도 무얼 좀 해주어야 할 것 같은데 그건 도무지 되지 않고 오히려 내가 아이들 속 썩일 일만 는다.

일을 대충대충 할 줄 모르는 나는 집에 돌아올 때쯤이면 자주, 걸음을 떼기도 어려울 만큼 탈진해 있었다. 제 몸이 아파도 잘 모르는 데다가 하던 일은 끝까지 하는 것이 몸에 배어서 가끔은 쓰러져 앰뷸런스에 실려가는 사태가 벌어지기도 했다. 이제는 조금 덜하지만 젊은 날에는 무엇보다도 사람들에 많이 치였다.

사람들에 다치는 양상은 달라도 이유는 대개 한 가지였다. 무언가를 할 때는 성심껏 열심히 하는데, 바로 그것이 문제가 되었다. 나쁜 경우에는 '무슨 야심이 있기에 저러나, 무섭다'라는 유추가 있었고, 보통의 경우에는 뭔가 개선을 하기보다는 세상이 지금 있는 그대로 조용한 편을 더 좋아했다. 더구나 가까운 데서 시끄러운 것은 다들 좋아하지 않았다. 그런 벽들에 부딪쳤을 때 무슨 수가 있겠는가. 그럴 때도 대개는 몸이 아팠다. 별 수 있겠는가. 가끔씩은 많이 아팠다.

내가 아플 때, 나는 아파서 아이들에게 또 부담이 되었다. 한번은 폭설이 쏟아진 날이었는데, 아프면서도 중학교에 입학한 지 얼마 안 되는 딸의 귀가가 늦어 걱정을 하며 누워 있었다. 눈이 너무 심하게 와서 버스도 못 다니는 비상사태가 난 날이었다. 나중에 보니 딸은 그런 눈 속에서 은행에 가서 자기가 그때까지 한 저금을 찾고, 또 그 폭설을 뚫고 걸어서 먼 백화점까지 가서 — 큰 백화점이 얼마나 낯설었을까. 나는 그런 데 아이들을 데리고 간 적이 없었던 것 같다 — 만년필 하나를 사들고 온 것이었다. 게다가 그 만년필은 고가의 것이었다. 딸이 제 평생 모은 돈을 다 찾은 것 같았다.

나는 아무 말도 할 수가 없었다. 어린 딸이 눈치를 채었던 것이다. 그러지 않는 엄마가 몇 날 며칠을 앓아누워 있는 것은 몸만이 아니라 마음의 병이 깊다는 것을. 엄마의 병은 아마도 오로지 쓰고 싶은 글을 다시 씀으로써나 치유되리라는 것을. 나 자신은 눈치 채지 못했다. 그냥 아프기만 했다.

딸아이가 고등학교에 들어갔을 때쯤인 듯하다. 그날도 늦은 밤 가까스로 몸을 가누며 집에 닿았다. 아무리 감추려 해도 살꺼풀이 얇은 내 얼굴은 표시가 잘 나는데 딸이 그랬다.

"엄마, 엄마 책들이 있잖아요. 남는 건 글뿐이잖아요. 아니, 더 중요한 걸 먼저 말 안 했네. 그보다 먼저 학생들 속에, 그 마음속에 엄마가 남아 있잖아요."

마음 씀씀이가 깊었던 아이는 또 언젠가 열한 살 때쯤 쓴 편지에 이렇게 적은 적이 있었다.

"저는 어머니께서 어려운 일도 맡은 일이라면 건강도 잊고 열심히 하시는 것을 여러 번 보았지요. 그 이유가 뭔지 아세요? 바로 어머니 마음속의 시, 바로 좋은 마음이 있기 때문이에요."

사람들 사이에서 헤어나오지 못해 기진한 내게 딸아이가

서슴없이 하던 그 말이 내게 평생을 두고 힘이 된다.

어두운 밤 지쳐서 집으로 돌아올 때 불 켜진 딸의 방을 쳐다보면 그런 생각이 들었다. 저 안에 정말로 따뜻하고 아름답게 피어 있구나, 작은 한 송이 지혜의 꽃이. 세상의 비바람 속에서도 견뎌야 할 텐데. (어미가 일하며 힘든 모습을 너무 많이 보인 탓인지 딸은 용돈을 달라고 떼를 써야 할 나이에도 용돈은커녕 학교에 내야 하는 돈조차 안 받으려 들었다. 훗날 장학금 주며 데려가 공부 잘 시켜 준 좋은 학교를 잘 마쳤다.)

만년필을 잡으면 글을 쓰지 않아도 손이 따뜻하다. 만년필을 놓고 스탠드 불빛 앞에서 손을 펴본다. 아무것도 없다. 그러나 주먹을 가만히 쥐었다가 다시 펴면, 내 손안에서 꽃 한 송이가 피어나는 듯하다.

어두운 밤 지쳐서 집으로 돌아올 때
불 켜진 딸의 방을 쳐다보면 그런 생각이 들었다.
저 안에 정말로 따뜻하고 아름답게 피어 있구나,
작은 한 송이 지혜의 꽃이.
세상의 비바람 속에서도 견뎌야 할 텐데.

"아이 캠 프롬 제르마니"

한번은 독일의 아주 조그만 시골에서 열린 주말 세미나 모임에 찾아갔다. 내가 관심 있게 읽고 있던 분야에서 독보적인 전문가인 석학이 이끄는 블록 세미나였다. 내가 ― 나중에 그분의 표현으로 ― 얼마나 눈을 반짝이며 들었는지, 휴식시간에 그분이 내 곁으로 다가와 이것저것 물으셨다. 마침 세미나 주제로 쓴 글이 있어 그 이야기도 했더니 내일 저녁에 그것 좀 발표해보라는 것이었다.

나는 놀라서 말이 나오지 않았다, 세상에 무얼 믿고……. 어디서 나타난, 그야말로 굴러온 조그만 동양 여자에게 저녁 강연을 부탁한단 말인가. 저녁 프로그램은 그 모임에서 중요한 행사였다. 그분이 직접 강연을 해야 할 자리였다.

그때만 해도 나는 무얼 들으러 가끔 어딜 가보기는 했어도, 독일에서 그렇게 정식으로 강연 부탁을 받아본 적은 없었다. 그런 즉흥적인 부탁은 더더욱. 놀라서 입이 다물어지지 않았지만 밤새 원고를 손질해서 다음 날 저녁 정성껏 발표를 했다. 이번에는 그분이 그야말로 눈을 반짝이며 경청해주셨다.

끝나고는 아주 내 옆자리로 와 앉으셨다. 이런저런 이야기를 나누다가 들판으로 함께 걸어나가게 되었는데, 낮이 긴 여름이라 이제 막 어스름이 내리고 첫 별이 뜨고 있었다.

언젠가 독일 바이마르 일름 강변의 초원에서 그런 큰 별이 뜬 것을 본 적이 있었다. 처음 간 바이마르가 그때 얼마나 인상적이었던지, 나중에 내가 쓴 편지를 받은 사람들이 《바이마르에서 온 편지》라는 책까지 묶어 낼 정도로 나는 기나긴 편지들을 썼었다.

그 이야기를 하면서 지나가는 소리로 그런데 그 책은 제 스물일곱 번째 책이에요, 했다. 그랬더니 그분이 느닷없이 자기가 키스를 좀 하면 안 되겠느냐고 하셨다. 나는 너무나 놀라서 얼떨결에 '네에에—' 했다. 그랬더니 장한 아이에게 아버지가 하듯이 그렇게, 내 키의 두 배는 될 법하신 분이 내 머리를 두 손으로 붙잡고 이마 위에다 가볍게 키스를 해주셨다.

그 모든 것이 낯설었을뿐더러, 그 순간 나에게 전해졌던 것은 정말이지 평생 처음으로 경험해보는 놀라운 것이었다.

아름다운 '인정'이었다. 사랑과 존경이 담긴 인정이었다.

　나는 늘 나쁜 짓 하듯이, 도둑질 하듯이 내 일을 했다. 공부는 더욱 그랬다. 할 일 없는 체하다가 온 식구가 잠들고 나서야 다시 일어나서 내 일을 했다. 문을 가만히 여는 소리에 잠든 줄 알았던 남편이 깨기라도 하면 큰일이었다. 남편은 한 번 깨면 다시 잠을 못 자는 사람이었고 그가 낮에 하는 일은 중했다. 더구나 공부하는 여자와 살고 싶어 하는 남자는 별로 없던 시절이었다. 바깥에서도 나의 공부는 자주 화근이어서 어떤 때는 나도 내가 싫었다.

　그러면서 살았는데 세상에 낯선 사람으로부터, 그것도 큰 학자로부터 — 큰 학자이었기에 가능한 일이었겠지만 — 이런 큰 격려를 받는 수도 세상에는 있었다. 나는 당시 마흔아홉이었는데, 지구가 잠시 멈추었다가 다시 도는 것 같았다. 그리 오래 찾던 선생님을, 학문의 스승을 이제야 만난 것이었다.

　그동안은 노상 혼자 공부하다시피 지내다 보니 평생 스승을 찾아 헤매는 느낌이었다. (좋은 선생님들이 안 계셨을 리야 없지만, 고마움을 느낀 분이 없지는 않지만, 내가 가서 닿지 못했을 것이다.) 젊었을 때, 온 세상이 캄캄해서 앉은뱅이처럼 앉아만 있었을 때는 누가 새끼손가락 하나만 잡아주면 일어설 것만 같았다. 그런데 세상은 때로 절벽 끝을 붙잡고 매달려 있는 사람의 손을 짓밟듯이 가혹했다. 어쩌면 세상의 정말 중요한 일들은 바로 외로움의 힘으로 이루어지는 것인데 그런 이치를 젊었을 때는 몰랐다.

　그분, 평생 찾아온 스승인 헨드릭 비루스 교수를 만난 후로 나는 정말이지 열심히 공부했다. 이런저런 세계의 학회에 다녔고 차츰 초청을 받기 시작했다. 초청을 받아 가보면 그분과 나란히 초청을 받은 경우들이 심심치 않게 있었다. 물론 관심 분야가 같은 덕분이었다.

　나는 어딜 가면, 워낙 내가 미미하다 보니 내 소개를 일일이 해야 하는 것이 때로는 구차하게 느껴지기도 해서 기가 죽는 일마저 있었다. 그런데 한번은 남아프리카에서 열린 학회에서 식사를 하는데 선생님과 함께 온통 낯선 사람들과 한 식탁에 앉게 되었다. 나는 좀 서먹해서 앉아 있는데 선생님은, 정말이지 큰 석학이신 선생님은 그 자리 사람들에게 (내 눈에는 그분도 못 알아본다면 그 학회에는 올 자격도 없는 사람들인 것 같은데) 자신은 독일에서 왔고 전공이 무엇이며 이 학회에는 왜 오게 되었는지를 소상히 이야기하시는 것이었다. 그 겸손한 태도가 얼마나 나를 부끄럽게 하던지.

　또 한번은 인도 뭄바이에서 열린 학회였는데 식사나 차 마시는 시간에 서빙하는 현지인들의 영어가, 인도인 특유의 이상한 영어여서 좀 짜증이 나는 판이었다. 그런데 선생님은 초라한 양은 찻잔에다 차를 담아주는 청년에게, 완전히 인도인들 영어의 억양으로, 아니 그보다 더 심하게 "아이 캄 프롬 제르마니" 하시는 것이었다. 그러더니 선생님은 그 청년이 관심이 있을 법한 화제로 이야기를 이어가셨다. 전 세계 석학들이 모인 그 자리에서 선생님이 공들일 사람이 그 서빙하는 청년 하나뿐이겠는가. 독일의 대학들은 물론 예일대, 콜레주 드 프랑스, 예루살렘 대학 등 수많은 대학에서 가르치신 분이.

드물지만 개인적으로 충고를 주신 적도 있다. 마음이 여린 나는 학회의 토론에서조차도 어쩌다 누구를 공격하는 이야기를 조금 하게 된 경우에는 내 자신이 어쩔 줄 몰라 한다. 한번은 쉬는 시간에 선생님이 내게 조용히 다가오시더니 목소리를 낮추어 이러시는 것이었다.

"너는 왜 누구의 턱을 치면서 동시에 반창고를 붙여주니? 아가리를 칠 때는 아가리만 치는 게야."

나직이 해주신 그 험한 말을 내가 어찌 잊겠는가. 마음 여린 내게 처방된 초강도 직방 주사였다.

뒤늦게 만난 나의 스승에게서 배운 것이 어찌 그뿐이었겠는가. 사람이 정말로 간절히 바라는 것은 언젠가는 오고 마는 것 같다. 좀 늦더라도 때로는 몹시 아름다운 모습으로 온다. 나는 선생님만 만난 것이 아니라 세계 곳곳에서 선생님의 온기를 나눈 사람들을 만났다. 어떤 이는 학문을, 어떤 이는 철저함을, 어떤 이는 유머를, 어떤 이는 삶과 예술에 대한 사랑을 좀 더 나누어 받았고 그이들은 다 내 친구가 되었다.

선생님이 편찮으시기라도 할라치면 멀리 있는 내 몸이 다 오그라드는 것 같다. 나는 아직 배워야 할 게 너무 많다.

젊었을 때, 온 세상이 캄캄해서 앉은뱅이처럼 앉아만 있었을 때는
누가 새끼손가락 하나만 잡아주면 일어설 것만 같았다.
그런데 세상은 때로 절벽 끝을 붙잡고
매달려 있는 사람의 손을 짓밟듯이 가혹했다.
어쩌면 세상의 정말 중요한 일들은 바로 외로움의 힘으로
이루어지는 것인데 그런 이치를 젊었을 때는 몰랐다.

하느님의 AS

뮌헨에 있는 바이에른 예술원의 행사에 참석한 적이 있었다. 큰 행사였는데, 어쩌다 보니 행사가 끝나고 예닐곱 명이 둘러앉은 자리에 끼게 되었다. 그런데 내 바로 옆에 앉은 사람이 놀랍게도 바이에른 예술원의 문학, 예술을 총괄하는 책임자일뿐더러 내가 전공한 파울 첼란에 관한 중요한 책을 쓴 사람이었다. 시도 쓰시는 그분의 시 낭독회에서 먼 자리에 앉아 얼굴을 본 적이 있기 때문에 내가 먼저 알아봤던 것이다.

그분이 쓴 책은 나의 공부의 가장 중요한 길잡이였다. 그 책을 나는 낱장이 다 떨어져나가도록 읽었던 터라 내 쪽에서 용기를 내어 이야기를 시작했다. 그분도 반가워했고 나중에 정중한 편지와 시집 한 권을 우송해왔다.

그 직후 미국에 갈 기회가 생겨 그 시집을 들고 갔는데, 나는 시집의 여백에다 내 시를 가득 써넣게 되었다. 이런 일이 처음인지라 신기하기도 해서, 복사를 떠놓고 그 새카맣게 덧글이 쓰인 시집은 그분께 다시 우송했다. 내게서 시가 나오게 된 데 대한 감사의 표시로.

그 이후로 편지들이 오갔다. 직접 만난 것은 세 번에 불과하지만 참으로 소중한 사람 하나를 얻었다고 생각했다. 학문과 시를 한꺼번에 이야기할 수 있는, 처음 만난 사람이었다. 한 차례는 그 댁을 방문하기도 했다. 화가인 사모님이 정성들여 가꾼 정원에서 차를 마시고 집 안에 있는 사모님의 미술작품들도 둘러보았다.

그런데 얼마 지나지 않아 서울로 와 있는데 마침 손님으로 온 어느 젊은 독일 학자가 그분이 돌아가셨다고 말하는 것이었다. 믿기지 않아 말 전한 사람 면전에서 독일 이리저리로 전화를 해보았다. 사실이었다. 발목을 다쳐 깁스를 하고 있었는데, 집 정원에서 새들을 바라보고 있다가 갑자기 돌아가셨다는 것이다. 움직이지 않은 다리 속 혈관에서 혈전이 생겨 그것이 몸을 돌다가 하필 폐혈관의 판막에 걸려 혈관을 막았다는 것이었다.

너무도 어처구니없었다. 고운 뜰에서 새를 바라보다 죽은 시인. 어쩌면 낭만적으로 들릴 수도 있겠지만, 나는 감당이 어려웠다. 방금 잡은 한 손을 놓쳐버린 것만 같았다. 섰다 앉았다 하던 나는, 그의 시집에다 내가 시를 덧써 그에게 부칠 때 복사를 떠놓은 것을 가지고 작은 수제본 시집을 만들었다. 맨 앞장에다 그분 이름을 쓰고 '추모'라고 적었다. 다섯 부를 만들었다. 그래서 한 부는 마냥, 어디든 들고 다녔다. 조금 위로가 되는 것 같기도 했다.

나를 위한 그 작은 책을 루마니아 부카레스트에서 열린 파울 첼란 학회에 갔을 때도 들고 갔다. (더구나 그 학회는 고인이 생존해 있었더라면 일순위로 초청받을 자리였다.) 학회에서 나는 첼란의 셰익스피어 소네트 번역에 대한 강연을 했다.

다음 날 아침 호텔 식당에서 아침을 먹고 있는데 어떤 분이 다가와서 어제 강연 잘 들었다면서 답례를 하겠다고 했다. 학회 참석자 수가 제법 되어 본 것 같기는 한데 누구인지 얼른 알 수 없었다. 그런데 그 신사는 밥을 먹다 말고 쳐다보는 내 앞에 선 채로 셰익스피어의 소네트를 줄줄 외우는 것이었다. 내가 그야말로 시쳇말로 번데기 앞에서 주름을 잡은 격이었다. 감사하면서도 당황했다. 그는 스위스 주네브 대학의 한스-위르겐 슈라더 교수였다.

밥을 다 먹고 짐을 꾸려 내려오는데 슈라더 교수를 또 만나 우리는 (마침, 첼란이 전공인 학생을 한 명 데리고 갔다) 함께 택시를 타고 공항으로 갔다. 공항까지는 그리 먼 길이 아니었다. 30분도 채 안 걸렸다.

슈라더 교수는 택시 운전사 옆 앞자리에 앉아 있고 나는 내 학생과 뒷자리에 앉아 있는데, 이상한 느낌이 나를 사로잡았다. 나를 위해 셰익스피어의 소네트를 암송해주신 이분께 무언가 소중한 것으로 답례를 하고 싶다는 생각이 들었다. 그런데 그것이 그즈음 늘 들고 다니는 그 사제본 시집이어야 할 것 같았다. 달리 지니고 있는 소중한 것이 없기도 했다.

내 자신의 착상에 저항하려 했지만 잘 안 되어 나는 마침내 그 작은 책을 택시 앞좌석으로 건네고 말았다. 그런데 슈라더 교수가 감사하다고 그걸 받아서 첫 장을 넘기더니 갑자기 말을 하지 않고 가만히 있는 것이었다. 내가 'Im Memoriam Peter Horst Neumann'이라고 추모사를 적어놓은 장이었다.

한참을 침묵하던 슈라더 교수가 말했다. 페터 호르스트 노이만은 주네브에 와서 자기와 함께 있다가 다리를 다쳐 독일 집으로 돌아갔다고.

전율이 내 온몸을 휩쓸고 갔다. 그때까지의 대화에서 물론 그 이름이 떠오른 적은 없었다. 그분도 몹시 놀란 것 같았다. 세상에 어느 날, 잃은 친구를 추모하는 시집을 만들어 들고 다니는 작은 동양인 여자를 만나 그 책을 건네받으리라고 누군들 상상할 수 있겠는가.

공항에 내려 체크인을 한 다음 우리는 조금 더 이야기를 했다. 온통 신기한 이야기들이었다. 알 수 없는 힘에 이끌려 어떻게 사람들이 만나게 되는지를 보여주는 이야기들이었다.

슈라더 교수는 재직하는 주네브 대학 근처만이 아니라 내가 자주 머무는 독일 프라이부르크 근처에도 작은 거처가 있어서 여러모로, 놀라운 방식으로, 나를 도와주셨다. 그분을 통해 많은 놀라운 예술가들, 학자들을 또 알게 되었다. 책을 또 한 권 써야 할 만큼이나. 언젠가 그 신기한 이야기를 어떤 학생한테 했더니 재치 있는 그 학생이 말했다.

"하느님이 AS도 하시네요!"

정말 그런 것 같다.

선물

"게솅크템 가울, 지트 만 니히트 인스 마울 Geschenktem Gaul sieht man nicht ins Maul."

각운이 잘 맞아서 울림이 좋은 이 독일 속담은 직역하면 "선물받은 말馬은 아가리를 벌려보지 않는다"이다.

말이 요즈음의 자동차 같은 자리를 차지하고 있었던 때 생겨난 속담이다. 그처럼 중요한 말을 거래할 때, 말이 건강한지 살펴보는 방법 중의 하나가 아가리를 벌려보고 검사를 하는 것이었다. 거래할 때야, 그것도 귀한 말을 거래할 때야 까다롭고 꼼꼼해야 하는 게 당연지사이다. 그러나 그 말이 선물받은 것일 경우, 그런 큰 선물을 받은 사람이 뭔가 타박할 것을 찾아서 검사까지 하려 든다면 무례하고 민망한 일일 것이다.

선물이란 그저 감사히 받는 것이지 그걸 두고 이러쿵저러쿵 해서는 안 된다는 생활의 지혜가 배인 속담이다. 선물에 담긴 성의를 감사히 받지 못하는, 모자라고 못난 욕심 많은 사람들에 대한 따끔한 일침이기도 하다.

그 속담이 귓가에 울려서, 한번 물어는 보아도 될 일을 오래 망설이기만 하다가 그만둔 일이 있었다. 얼마 전 바이마르 니체 하우스에서의 일이다. 초청해준 괴테학회에서 배정한 두 달 동안의 숙소가 니체 하우스였다. '그저 어딘가에 쪼그리고 앉아 내 글을 쓸 수 있다면' 하는 것보다 더 큰 소망은 별로 없는데, 니체가 말년을 보낸 집이 숙소로 배정되었으니 얼마나 황공했겠는가.

니체가 몹시 폄하되었던 동독 시절에 집 위층을 개조하여 게스트하우스로 만들었다는데, 방이 다섯 개 있다. 내게 배정된 방은 시내가 내려다보이는 쪽이 아니라 언덕 쪽에 아주 작은 창이 하나 있는 방이다. 한 시간에 한두 번 다니는 버스 정류장과 우체통이 내다보인다. 처음에는 황공하기만 하다가, 차츰 방이 조금 답답해서 자주 발코니에 나가 섰다. 그러다 보니 바이마르의 온 시내가 한눈에 펼쳐지는 반대편 방들이 부러워졌다. 특히 발코니에서 보이는 야경을 생각하면, 그 방들에서 보는 야경이 얼마나 장관일까 싶어서 부러움이 더해졌다.

그러던 참에 바로 맞은편 방이 오래도록 비어 있는 걸 알았다. 그래서 방을 바꿀 수 있다면 얼마나 좋을까 하는 생각을 하다가, 매사가 꼼꼼하고 철저한 곳이라 (집은 집대로 있고, 숙소 관리처는 어딘가에 따로 있고, 또 방 열쇠는 시내에 있는 성 안의 경비실에서 가지고 오는 시스템이다) 그 절차가 만만치 않을 것 같아서 마냥 망설였다. 그러다가 어느 날 같은 숙소에 사는 니체연구소 실무자에게 매우 조심스럽게 편지를 써보았다.

답장이 왔는데, 정중하기는 하나 그 내용은 방을 배정하는 사람은 재단의 실무자이니 그쪽에 연락해보라는 것이었다. 그렇게 받은 전화번호를 들고도 한 주일쯤이 그냥 지났는데, 밤중에 집에 오다가 캄캄한 길에서 니체연구소 실무자를 우연히 마주쳤다. 그는 방을 바꾸었느냐고 물었다. 내가 연락 못했다면서 "여기 머무는 것도 큰 선물인데" 했더니, 물어는 볼 수 있지 않느냐며 연락하기 어려우면 자기가 대신 연락해보겠다고 했다.

밤에 생각하니 내가 망설이느라 직접 전화를 못해서 결국 또 누군가를 번거롭게 한 꼴이라, 아침에 나가면서 그 사람 방 앞에다 오늘은 내가 직접 연락해보겠노라고 쓴 쪽지를 두었다. 그런데 그날은 하루 종일 일이 너무 많아 연락할 겨를이 없었다. 다시 포기하고 마음을 비웠다.

밤에 집에 오니, 그 사람이 일을 다 처리해놓았다. 열쇠만 가지고 오면 되게 다 처리되었다는 것이다! 청소비용이라도 부담하겠다고 했더니, 그것도 다 해결되었다고 했다. 다음 날 열쇠를 받아와서, 내가 쓰던 방을 아주 말끔히 청소했다. 독일에서는 집을 비울 때 모든 것을 원상대로 하는 것이 상식이기도 하지만, 이번 경우에는 청소하러 오시는 분에게 가욋일이 늘어난 만큼 미안해서 구석구석 철저히 청소를 했다.

아침에 청소하러 오신 분께 내가 청소를 철저히 했으니 너무 애쓰시지 말라고 우선 말을 했다. 그래도 또 청소를 할 것 같아서 행여 내가 찾다가 못 찾았으니 그 방에서 귀고리 한 짝이 떨어진 것을 보시면 간수해달라는 부탁을 덧붙였다. 그랬더니 귀고리 하나가 건물 앞 현관에 떨어진 것을 여러 날 전에 보고 그 옆 선반에 놓아두었는데 아직 있는지 지나가는 길에 보라고 했다. 잘 보이지도 않을 만큼 작은 귀고리였다. 나한테야 추억이 어려 있어 소중한 것이지만, 큰 건물 전체를 청소하는 분이 그런 작은 것까지 세심히 간수해준 것이 너무도 고마웠다!

귀고리 한 짝이 거기 있었다. 그걸 들고 다시 위층으로 올라가서 한 번 더 고맙다는 인사를 하고 도서관을 향해 언덕을 내려갔다. 내려가는 길에 보니 며칠 전부터 가로수 버팀목 위에 누군가가, 다른 누군가를 위하여 간수해둔 털장갑 한 짝이 여전히 그 자리에 놓여 있었다. 밤새 서리가 내려 털끝이 하얗다. 내가 장갑 임자도 아니건만, 얼마나 고맙고 세상마저 든든하던지.

그 아침에 언덕길을 걸어 내려가며 그날 내가 받은 선물들을 다시 생각했다. 그동안 받은 너무도 많은 선물들이 눈앞을 오고 갔다. 마침 반가운 친구가 전화를 해서 그 반가움에 생각은 더욱 날개가 달린 것 같았다. 오랜만에 전화한 친구에게 "소식이 큰 선물이네" 하며 오늘이 내 생일이라고 이야기했다. 친구가 놀라며 한마디를 덧붙였다. "네가 사람들에게 나누어주는 기쁨이 네게도 조금 반사되기를 바란다." 내가 무얼 나누어 그런 말을 듣나 싶어 부끄럽기도 했지만, 그런 말을 듣는다는 것은 정말이지 염치없이 큰 기쁨이었다. 정말로 많은 선물을 받은 날이었다.

그래서 도서관에 닿을 때까지 내내 생각했다. (친구를 거짓말쟁이로 만들 수 없으니) 나도 이제부터 사람들을 좀 기쁘게 해야겠구나. 내가 무슨 큰 일, 무슨 큰 선물로 누군가를 기쁘게 하겠는가. 진정한 관심에서, 마음에서 우러나온 말로 서로 좀 기운 나게 할 수는 있겠지. 그럼으로써 실은 내 자신이 가장 기쁠 테니, 그런 생각을 하는 것 자체가 내가 내 자신에게 하는 큰 선물이겠구나.

말馬을 선물받는 일은 없을 것이다. 선물할 일은 더더욱 없을 것이다. 그 아가리를 들여다볼 기회도 물론 없을 것이다. 그러나 우리의 마음을 건너가고 건너오는 마음의 말은 스스로 찾을 수 있을 것이다. 그런 기회를 한 번이라도 더 자신에게 선사하는 지혜야말로 '말' 선물에 비할 바 없는 큰 기쁨이다.

도나우 강변에
지어두고 온 '시정詩亭'

내가 그들에게 받은 것이 훨씬 더 많은데, 세상에 학생들을 잘 가르쳤다고 상을 받는 일이 있었다. 몸 둘 바를 몰랐다. 게다가 그 상은 상금도 컸다. 그 돈을 내가 그냥 쓸 수야 없고, 어려운 학과 형편이 스쳐가기도 했지만 눈을 딱 감고 오랫동안 키워 왔던 꿈 하나를 실현시키는 데 쓰기로 했다. 큰일을 상금 덕에 시작할 수 있었고, 일단 시작한 일이라 나머지는 평생 모은 돈을 다 털어 넣어서 마무리했다.

마침 그해에는 독일에서도 큰 상을 하나 받았기 때문에 너무도 감사해서, 무엇이든 두 나라를 잇는 작은 일을 하고 싶다는 소망이 컸다. 글을 아끼고 문학을 아끼는 많은 사람이 시의, 글의 의미를 생각하고 글도 쓸 수 있는 작은 공간 하나를, 캄캄한 우주에 길잡이 촛불 하나를 켜놓듯 만들어보고 싶다는 소망이었다.

이듬해, 독일의 동남쪽 끝에 있는 아름다운 물의 도시 파사우에 아주 작은 한옥 정자를 지었다. 도나우 강이 굽어보이는 언덕에 있는 '시인의 집' 뜰 안에. 그 '시인의 집'은 앞으로 시인 박물관이 될 예정이이서 보수를 마쳤다. 그러니까 장래의 박물관 부지에다 한옥 집필실을 세운 것이다. 물론 내가 쓸 집필실이 아니다. 언젠가 그곳이 누군가에게 지향점이 되고, 작은 문화 교류의 접점이 될 것을 바라서였다.

그 뜰에는 집주인 라이너 쿤체 시인이 독일어로 완벽하게 운을 맞추어 쓴 시〈옛 문제로 쓴 한국의 귀한 옛이야기〉를 새긴 석비가 놓여 있다.〈하여가〉〈단심가〉를 바탕으로 하여 매우 현대적인 시로 승화시킨 작품이다. "6백 년 전 정몽주의 바른 걸음을 기억하며 한국 친구들에게"라는 시인의 헌사까지 덧붙여 있다. 곱게 다듬은 오석에다 새긴 것인데, 여주의 내 집필실 앞에 서 있던 거북이가 진 석등 하나도 그 곁에 있다. 처마 끝에 달린 풍경의 물고기를 바라보면서.

지금 노시인은 이 작은 집을 보석함처럼 아끼며 관리하고 있다. 한옥의 목재에서 은은히 윤이 나고, 지붕에도 나뭇잎 한 점 없다. 낙엽이 조금만 떨어지면, 그게 썩어 기와가 상할세라 노시인이 전용 사다리를 놓고 올라가서 말끔히 쓸기 때문이다.

아무리 작아도, 독일에다 한옥을 짓는다는 것은 쉽게 할 수 있는 일이 아니었다. 애초에 내 분수도 아닌 일이고, 또 어딘가 지원받을 데를 찾아내는 일을 할 능력도 없어서 고생을 좀 많이 했다. 방 한 칸에다 조그만 마루가 달린 작은 정자이지만, 집이 작아도 원래 들 건 다 드는 데다가 일이 복잡했다.

천안에서 정자를 다 지어서, 다시 헐어서, 컨테이너에 실어서 일산에 가서 소독을 해서 포장을 하고, 다시 컨테이너에 실어서 부산으로 가서, 배로 독일 북쪽 끝의 항구 브레머하펜으로 갔다. 그리고 거기서 다시 컨테이너가 실어 동남쪽 끝 파사우까지 갔다. 파사우에 내려서도 산비탈인 건축지까지의 수송이 만만치 않았다.

화물 박스를 직선으로 늘어놓으면 길이가 24미터가 되었고, 하중은 승용차로 운반하자면 열여덟 대 정도가 필요한 것이었다. 터는 독일에서 별도로 닦아놓았고, 그 닦아놓은 터에다 나와 내 동생이 한옥 전문가 일곱 명과 함께 가서 호텔에 묵으며 재조립을 했다.

긴 수송 기간을 생각해서 공사 기간을 오래 잡았는데, 독촉도 많이 했건만 결국 일이 늘어져서 한겨울에 공사를 시작하게 된 탓에 한파의 내습으로 마무리를 못하고 일단 귀국을 했다. 날이 좀 풀린 다음 다시 와공 두 명과 함께 가서 2차 공사를 했다. 마침내 공사가 끝나고 정자에는 '시정詩亭'이라는 현판이 걸렸다. 독일에 정자 세우는 일을 몹시 기뻐하셨던, 내 아버지의 글씨이다. (아버지는 정자를 보시지는 못하고 돌아가셨다.)

얼마나 공사가 힘들고 사연도 많았던지. 나는 독일 남서쪽 끝 프라이부르크 연구실에 앉아 있는데 정자 지을 곳은 8백 킬로미터 넘게 떨어진 독일 서남쪽 끝이고, 9천 킬로미터 넘게 떨어진 한국에서 집을 지어서 다시 헐어 날라와서 다시 지어야 하니 그러기 위해 주고받은 편지들은 얼마나 많은지. 또 쿤체 시인이 보내주신 편지들이 얼마나 귀한지 그걸 모아 '작은 집 이야기'라는 이름으로 책을 묶어두기도 했다. 조금이나마 자료를 남겨야 할 것 같아서였다. 정식 출판은 아니어도 3백여 쪽의 아주 두꺼운 책이 되었다. 그러나 공사를 도운, 서울에 있는 동생과의 사이에 오간 헤아릴 수도 없는 전화, 문자 메시지, 이메일은 넣을 수 없었다.

지난여름에는 쿤체 시인의 팔십 회 생신을 기념해서, 근처의 오버른첼 성에서 콘서트를 하고, 참석자들은 작은 한옥도 두루 둘러보았다. 쿤체 시인의 시에 곡을 붙인 작품들을 우리 국악 연주자들이 가서 독일 연주자들과 함께 연주했다. 유럽 각지 먼 곳에서도 사람들이 찾아와주었다. 얼마나 좋은 시간이었는지. 다들 기뻐하고 감탄하고, 파사우 시장은 커다란 꽃다발을 내게 안겨주기도 했다.

지금 그 작은 정자는 고운 모습으로 굽이쳐 흘러가는 아름다운 도나우 강을 굽어보며 서 있다. 파사우에서 비엔나를 거쳐 흑해까지 도나우 강을 오가는 유람선에서도, 바이에른 숲가에 선 이 작은 이국적인 건물이 보인다.

  내가 그 집을 쓰지는 않는다. 그러나 오랜 세월을 두고 '시인의 집'을 찾아갈 사람들의 마음속에 시심詩心이 싹트고, 또 고운 우리 한옥의 모습이 새겨져 남아 있을 것이다.

  시심을 가진 사람이, 또 그런 사람을 아끼는 사람이, 사람 못할 짓 하며 살지는 않을 테니 그렇게 세상이 아주 조금은 살 만한 곳이 되길 바란다. 그런 생각을 하며 참 기쁘고, 쏟았던 노고는 잊힌다.

시심을 가진 사람이, 또 그런 사람을 아끼는 사람이,
사람 못할 짓 하며 살지는 않을 테니
그렇게 세상이 아주 조금은 살 만한 곳이 되길 바란다.
그런 생각을 하며 참 기쁘고, 쏟았던 노고는 잊힌다.

한 삶으로부터

문학은
사람을 만듭니다

 남의 나라 문학이 전공이다 보니 그 나라 사람들에게도 관심을 가지게 된다. 그 가운데 독일 킬에 사는 노부부는 특히 기억에 남는다. 이 부부는 전 세계에서 나온 괴테의 서사시 《헤르만과 도로테아》의 거의 모든 판본을 망라해서 가지고 있다. 내로라하는 괴테 전문가들도 《헤르만과 도로테아》에 관한 한 자기들을 찾아온다고 부부는 자랑스럽게 말했다.
 그들이 그런 장서가가 된 이유는 아주 소박했다. 남편의 이름이 헤르만이고 아내의 이름은 도로테아여서 《헤르만과 도로테아》를 사 모으기 시작했다는 것이다. 우리 식으로 말하자면 부부가 만나고 보니 이름이 몽룡과 춘향이어서 세상에 있는

《춘향전》판본 및 관련서를 다 모아버린 셈이다. 초라해 보일 정도로 소박한 그들의 생애가 그 책들로 하여 얼마나 빛났을까.

괴테 탄생 250주년이던 해 여름, 독일 뒤셀도르프에서 열린 기념학회에서 강연을 한 적이 있는데, 더 놀라운 부부를 만났다. 내 강연을 들은 홀레 씨 부부는 자기들 집에서 묵어가기를 간곡히 권해왔다. 호텔로 갔더니 그들이 들여놓은 온갖 과일이 칼과 함께 큰 접시에 담겨 놓여 있었다. 너무도 놀랍고 고마워서 인사차 하룻밤쯤 묵을 생각을 하고 홀레 씨 댁에 갔다가 그만 열 하루를 머물렀다.

그 댁에 들어서니, 책상 위에는 괴테의《서·동 시집》(내가 그것에 대해 강연을 했다) 초판본(1819년), 1800년대에 나온 고풍스러운 가죽 장정의《파우스트》등 희귀본들이 놓여 있고, 창턱에는 손님이 관심을 가질 만한 기사 스크랩이 2미터쯤 늘어놓여 있었다.

기사들은 날마다 조금씩 교체되었다. 밥 먹으며 차 마시며 이야기를 조금만 나누다 보면, 문학이든 역사든 금방 관련서가 책꽂이에서 뽑혀 나오고, 그 책에는 관련 기사나 그 책과 연관된 서신 따위가 빼곡히 끼워져 있었다. 도저히 안 읽고 돌아올 수는 없는 귀한 것들이어서 염치 불고하고 다른 일정을 미뤄가며 열 하루씩이나 머물고 만 것이다.

홀레 씨는 사업가였고 부인은 평범한 주부였다. 사업의 규모가 그리 커 보이지도 않았다. 그런데 사업으로 번 돈, 또 주변의 사업가들로부터 모은 돈으로 문학학회를 지원하고 있는 것 같았다. 돈만 기부하는 것이 아니라 계산 안 되는 인문학자들을 위해 재정 자문도 하고, 지역의 학술강연회와 문화행사에 꼬박꼬박 참여하면서 이끄는 주체였다.

홀레 씨는 권위 있는 바이마르 괴테학회의 재정 감사이기도 했다. 그 얼마 뒤 며칠 바이마르 괴테학회에 참석했을 때도 홀레 씨는 어김없이 와 계셨다. 사업하는 사람들로부터 돈을 모아 젊은 사람들이 고전 공부를 할 수 있도록 바이마르의 '괴테 서머 코스'도 지원하셨다.

바이마르 괴테학회에서는 늘 인상 깊은 사람들을 많이 만난다. 80세가 넘어 붙잡은 《파우스트》로 석사 학위를 마치고 이제 박사 학위를 시작한 할머니도 있고, 학회에 갈 때마다 만났고 한 번은 같은 호텔에 묵은 덕에 아침식사 때마다 괴테 이야기를 나누며 의당 독문학 교수거니 했던 부부는 나중에 보니 의사들이었다.

어린아이들을 데리고 와서 보살피며 부부가 번갈아 절반씩 강연을 듣는 부부는 유명한 출판인이었다. 이 부부를 위해서 저녁의 연극만은 내외가 같이 다 볼 수 있도록 홀레 씨의 부인이 슬며시 베이비시터를 도맡는 것도 보았다. 학회 마지막 날에는 사무원 책상 곁에 홀레 씨가 나한테 전해주라며 맡긴 책이 한 가방 놓여 있었다. 덥석 들고 갈 수는 없어 홀레 씨를 찾았더니, 들고 가기 무겁겠다며 부쳐주겠다고 다시 가방을 가져가셨다.

그 후로 오랫동안 홀레 씨 부부는 내 전공 관련 소식, 한국에 관한 뉴스 따위를 오려 모았다가 한 뭉텅이씩 보내주셨다. 지난 연말에는 책 2백여 권이 든 상자들이 또 왔다. 그 가치를 평가조차 할 수 없는 귀중본들이 포함되어 있는 상자들이었다. 나는 말을 잃었다. 홀레 씨가 임종을 앞두고 정리를 하신 것이었다. 다들 훌륭한 사회인인 당신 자녀들도 있는데 가장 귀중한 책들을 내게로 보내셨다. 그 책들을 누구에게 보내야 가장 귀하게 읽히고 잘 보관될 것인가를 많이 생각하신 것 같았다.

홀레 씨 부부가 평생 보살핀 사람이 먼 극동에서 온 조그만 독문학자 한 명뿐이겠는가. 그 댁에 머물던 때, 그 집에 있는 수많은 편지를 보고 여러 일화를 들으면서 그들의 생애가 얼마나 아름다워 보였던지. 홀레 씨의 삶이 얼마나 숙연하고 아름답게 마무리되고 있었는지.

홀레 씨 부부는 자신의 삶과 남들의 삶을 풍요롭게 만드는 슬기를 깨친 사람들이었다. 홀레 씨는 한 강연문에서 자신이 왜 평생 이윤 없는 문학에 관심을 가졌는가를 이야기하고는 이런 구절로 끝맺고 있었다.

"문학은 사람을 만듭니다."

유럽에서 어떤 국가적 차원의 문화정책이나 발전된 문화시설보다도 더 부러운 것이 그런 여유들이다. 아직도 남아 있는 그런 교양 시민층이다. 그것은 물론 사회의 여유에서 비롯된 것이겠지만, 또한 그런 개인들의 여유가 사회의 여유를 만들어나가는 것이라는 생각이 든다.

아름다운 사치

천상의 성처녀가 낙원의 문을 두드리는 사람에게 전투에서 입은 상처를 보이라고 요구한다. 진정한 전사戰士가 아니면 낙원에 들어갈 수 없는 까닭이다. 그러자 시인이 답한다.

> 그렇게 까다롭게 굴지 마시오.
> 여기 이 가슴을 보시오.
> 나 살았다오, 그건
> 전사였다는 뜻이지
> 이 가슴을 보아요,
> 삶의 상처 ― 간계를

사랑의 상처 — 욕망을.

괴테의 노년기 대작《서·동 시집》의 마지막 시편인〈낙원의 서〉에 나오는 한 단락이다. 장렬하게 전사한 영웅들만 받아들여지는 곳에서 시인은 "나 살았다오"라고 대답한다. 그러니 자기도 '전사'라는 것이다. 산다는 건 장렬히 전사한 용사의 전투에 맞먹는다는 것. 인간의 온갖 허약함과 악함도 결국은 삶이 남긴 '상처'다.

삶이 얼마나 힘든지, 투쟁인지 시인은 길게 이야기하지 않는다. 그리고 사람들이 왜 온갖 간계를 부리며 사는지, 실없는 욕망에 허덕이는지를 길게 이야기하지 않는다. 대수롭지 않은 듯 이야기하고 있지만 삶을 아우르고 보듬는 노시인의 깊이와 폭이 드러난다.

독자는 힘들었던(누군들 힘들지 않았으랴!) 자신의 삶의 대목대목을 돌아보게 되고, 산다는 것 자체로 천국에 갈 만한 용감한 전사에 다름 아니라는 사실에서 용기를 얻는다. 그 어떤 '힘내!'라는 말보다 여운이 길고 강렬하다.

처음 이 시를 읽었을 때 '전사 Kämpfer'라는 단어에 꽂힌 시선은 오래 놓아지지 않았다. 그 두꺼운 책에 담긴 시편들을 다 우리말로 옮겨놓고 책으로 묶고, 또 거기에 대한 책을 우리말로 써서 펴내고, 또다시 독일어로 새롭게 쓰고 있는 지금까지도 내 시선은 그 단어에만 가 닿으면 한동안 머물러 있다. 요즈음에는 더더욱 그럴 이유가 있다. 바이마르의 '괴테 쉴러 아카이브'에 앉아서 괴테를 읽고 있기 때문이다. 2백 년 전에 쓰인 괴테의 자필 원고이다. 푸른 상자를 여민 끈을 풀고 상자를 열어 빛바랜 종이를 꺼내 떨리는 맨 손으로 한 장 한 장 넘기고 있노라면 만감이 오간다. 나도 모르는 사이에 앉음새가 더욱 곧고 반듯해진다.

아침에 아카이브에 가면, 전날 주문해둔 괴테의 육필 원고들이 고운 푸른 끈으로 묶인 푸른 상자에 담겨 내 자리 위에 놓여 있다. 문서실은 바이마르 북쪽 언덕 위의 고풍한 건물이다. 초인종을 누르면 육중한 문 둘이 차례차례 열리고 '이 집에 우리가 살고 있습니다 ― 괴테, 쉴러, 헤르더, 빌란트, 리스트'라는 글귀가 보인다. 정말이지 그들은 죽어 무덤에 누워 있는 것이 아니라 그들이 쓴 글 한 장 한 장이 다 보관되어 있는, 또 누군가가 베껴둔 그들의 글마저 한 장 한 장 귀중품으로 보관되어 있는 바로 이 집에 살고 있는 것 같다.

넝쿨장식의 무쇠 난간이 달린 계단을 오르면, 문서실은 은은한 연회색빛 실내로, 직사광선은 차단되고 온도도 고문서 보관에 적합하게 맞추어져 있다. 이곳을 찾는 연구자들은 그리 수가 많지는 않다. 직원 수가 더 많아 보인다. 직원들은 말할 수 없이 친절하다. 열람자가 원하는 것은 다 찾아주고, 갖다주고, 뭐든 도와주며, 복사나 촬영까지도 신청만 하면 다 해준다. 때로는 자리로 찾아오는 사람도 있고 자리로 배달되는 우편물도 있다.

　가끔은 아래쪽 안나 아말리아 대공비 도서관에 가 있는데, 내가 지금 어디 앉아 있는지 사서들이 다 아는 것이다. 여러 가지 참고도서를 읽는 이 도서관에도 내 자리에는 수북이 책이 쌓여 있다. 이런 도서관이 가능하다는 것 자체가 놀랍다. 게다가 이런 도서관은 여기뿐이 아니다. 여기는 괴테 시대가 중심이고, 그 이전 시대는 볼펜뷔텔이라는 작은 북독일 도시에, 또 20세기는 마바하라는 조그만 중부 독일 도시에 비슷하게 자료가 보관, 관리되고 있다.

　이런 곳에 앉아서, 펜을 쥔 2백 년 전의 손 힘이 고스란히 보이는 원고를 읽을 수 있다는 것 — 이보다 더한 사치는 있을 수 없을 것 같다. 게다가 잠은 바이마르 남쪽 언덕 위의 니체 아카이브(니체가 말년을 보내고 죽은 니체 하우스)에서 자고, 일은 북쪽 언덕 위 괴테 쉴러 아카이브에서 하면서 두 언덕 사이를 가만가만 걸어 오가고 있다. 어떤 글을 써서 이에 값하겠는가 하는 엄청난 물음이 남아 있기는 하지만 말이다.

　어찌됐건, 꿈꾸기도 어려웠던 놀라운 연구 환경 덕분에 쓰기 시작했던 책은 아주 빠른 시간에 얼추 마무리가 되었다. (언제 또 내 연구만 하고 살겠는가. 그것만도 황공해서 조아리듯 앉아 일하는데 그 조아린 곳이 그토록 꿈같은 환경이었다.) 근년에 네 번째로 독일에서 내는 연구서가 별 무리 없이 나올 수 있을 것 같다.

　두 달간의 이런 사치 — 꿈이 깨기 전에 내 시선을 잡아당기는 글귀를 한 번 더 본다.

"살았다오. 그건 전사였다는 것이지."

그 단어 '전사'에서 시인이 했던 고심이 보인다. 'Streiter'를 지우고 'Kämpfer'로 고쳐놓았다. '싸움하는 사람' 혹은 '시비꾼'일 수도 있는 단어를 '전사'로 확실하게 바꾸어 힘을 실었다. 필체에도 얼마나 힘이 실려 있는지!

괴테 하면, 아직 그 글을 깊이 읽어볼 기회가 없었던 많은 사람에게는 어쩐지 너무 거대한 것 같고, 너무 잘난 것 같고, 뭔가 많은 것을 누렸을 것 같아 거부감마저 들기도 한다. 그러나 예컨대 그런 힘 있는 구절 하나가 삶을 누리기만 한 사람의 손에서 그저 우연히 나올 수 있겠는가.

남의 삶을 세세히 알 수야 없다. 그러므로 남들은 대체로 편안하거나 그저 그만한 것 같고 나 혼자만 이런 수렁에 빠져 있는 것 같은 오해, 어쩌면 그런 오해를 기반으로 우리는 살아가는지도 모른다. 그러나 이런 한 구절을 대할 때 다시 생생하게 되살아나 내 눈 앞을 스쳐가는 삶의 굽이굽이들. 그걸 지나고 살아남아 있다는 것이 고마울 뿐이다.

무슨 전투를 벌이겠다는 생각이 누가 애초에 있겠는가. 그저 삶의 감당이 그토록 어렵고, 외연이 넓어지면 감당할 것도 그만큼 더 많을 것일 뿐이리라. 그런 전투, 삶의 와중에는 이런 힘 있는 필적을 읽는 기쁨의 순간도, 아름다운 사치도 있다.

산다는 건 장렬히 전사한 용사의 전투에 맞먹는다는 것.
인간의 온갖 허약함과 악함도 결국은 삶이 남긴 '상처'다.

몸 가볍게
떠나신 아버지

나는 제 일밖에 모르는 모진 딸이어서, 독일에 자주 가 있으면서도 아버지 한 번 오시라는 이야기를 못했다. 늘 너무나 짧은 일정으로 갔고, 서울에서조차도 아버지는 내 시간을 조금도 안 뺏으려 늘 신경을 쓰셨다. 90세가 되시기까지 매년 에베레스트에 오르신 분인데 산에 그토록 열심히 가신 것도 무엇보다 당신 건강을 유지하여 자식들 힘들게 하지 않겠다는 뜻 때문이었다.

언젠가 뮌헨에 제법 오래 있었을 때 전화를 드리면서 근처에 좋은 산이 많으니 한 번 오시라고 했다. 평소대로라면 펄쩍 뛰시며 괜찮다고 하실 아버지께서 안 그래도 생각을 해봤는데 차비가 너무 비싸더라 하시며 웃으셨다. 나는 너무나 놀라서 곧바로 서울 여행사에 전화를 해서 아버지께 비행기 표를 전해드리도록 했다.

그 사흘 뒤에 아버지께서 뮌헨에 도착하셔서 한 주일 머물다 가셨다. 초라한 내 방에 머무시며, 첫날은 혼자서 낯선 도시를 돌아다니시면서 지하철과 버스 타는 법을 익히시고, 둘째 날은 기차 타는 법을 익히셔서 고산이 시작되는 가르미쉬 – 파텐키르히 시의 등산로 입구까지 다녀오셨다. 셋째 날도 역시 혼자 알프스의 최고봉 마터호른에 오르셨다. 한여름인데 그곳은 눈보라가 극심했다 한다.(계속된 눈보라로 바로 그다음 날 독일 젊은이들 여러 명이 조난당해 사망했다.)

돌아가실 때는 책이 가득 든 내 트렁크를 들고 가시겠다고 했다. 평소에도 책을 힘겹게 끌고 오가는 내가 이번에는 제법 오래 독일에 있었으니 귀국길에 고생할 것을 염려하신 것이다. 책이 가득 든 커다란 트렁크는 제자리에서 한 번 들기도 어려울 정도로 무거웠다. 나는 펄쩍 뛰면서 안 된다고 했다. 무거워서 고생하시기도 하려니와 오버차지가 엄청나게 나올 수 있으니 부치는 편이 차라리 낫다고 말이다. 하지만 아버지께서는 다 되는 수가 있다면서 굳이 들고 가시겠다고 했다.

그 무거운 트렁크 때문에 공항까지 내가 따라오는 건 아버지도 말리지 않으셨다. 공항에 닿아서는 나는 뒷전에서 조마조마한 마음으로 바라보고 있는데 체크인을 마치신 아버지께서 나를 돌아보시더니 환하게 웃으시며 한 손을 번쩍 쳐드셨다. 아무 문제없이 화물로 부치신 것이다. 내가 너무나 놀라서 달려가 어떻게 하셨느냐고 했더니 "나는 몸무게가 45킬로그램밖에 안 나간다"고 그러셨다는 것이다. 산타클로스처럼 하얀 수염을 휘날리는, 불면 날아갈 듯 몸 가벼운 작은 체구의 노인의 한마디에 독일 항공사 직원이 선뜻 승복한 것이었다. 88세이시던 어느 여름날의 이야기이다.

그렇게 몸 가볍게, 90세 가을까지 에베레스트를 해마다 오르시다가 아버지는 더 높은 곳으로 또 그렇게 몸 가볍게 가셨다. 감사하게도 임종의 자리를 지킬 수 있었고, 마지막 힘겨운 순간에 듣기는 하신다기에 드리고 싶은 말씀을 간절히 드렸다.

"힘드시지요? 지금 아주 높은 산에 오르는 중이셔요. 많이 힘드신데 저희가 같이 못 가네요. 하지만 저희도 곧 따라갈 거예요. 산에도 늘 혼자 가셨지요. 지금 올라가시는 산은 아주 높은 산이니 올라가시면 장관일 거예요. 높은 산에서 보신 것은 늘 글로 쓰셔서 들려주셨지요. 지금 가시는 높은 곳 이야기도 저희에게 들려주세요."

그 마지막 말씀을 드릴 때 대답은 못하셨고, 이미 감기신 눈에 눈물이 고였다. 아버지 생각을 하면 그 고인 눈물방울과 그때 뮌헨 공항 체크인 카운터에서 번쩍 드시던 손이 늘 겹쳐 보인다. 그 높은 곳에서 보내주시는 이야기를 내가 언제 알아듣고 받아쓸 수 있을까.

아버지는 참 맑고 곧은 분이어서 친구분들이 '여백如白'이라는 호를 붙여주셨다. 흰빛처럼 맑은 분이라는 뜻이다. 담도암 수술 후 임종 전까지 증조부의 문집 국역을 — 몇 백 년 전 남의 나라 글은 줄줄 읽으면서 증조부의 한문 문집은 제대로 못 읽는 나 같은 사람을 위해서 — 마무리하셔서 깨알 같은 붓글씨로 채운 한지 천 장을 남기셨다.

삶이란 나만의 자서전을
만드는 일

수업 하나를 물경 20년을 바라보도록 해오고 있다. 연구학기나 학과의 특별한 사정이 없는 한 해왔다. '독일 명작의 이해'가 공식적인 명칭이지만 '즐거운 책읽기'라는 강의의 목표가 선명하고 단순해서 강의 제목처럼 되어버린 수업이다.

말이 '즐거운 책읽기'이지, 방대한 《파우스트》까지 포함된 이 책 저 책을 다 읽자면 학생들은 많이 고달프기도 할 것이다. 나 또한 학생들이 쓴 글을 거의 매주 읽고 일일이 코멘트를 하자면 고달픈데, 그래도 너무 재미있어서 손에서 놓지 못하고 있다.

글을 함께 읽다 보니 자기들끼리 우선 가까워지고, 그들이 쓴 글을 내가 또 함께 읽다 보니 처음에는 그저 학생이던 사람들이 학기 말쯤이면 한 명 한 명 조각상처럼 선명해져서 내게 다가온다. 불과 한 학기 교양수업을 함께 들었을 뿐인 사람들이 서로들 오래 두고 친한 것 같고, 내게는 한 명 한 명이 다 보석 같다. 한 학기 수업이 끝나면 언제나 얼마나 재산이 느는지.

학생들은《파우스트》같이 큰 책이나 희곡 작품은 함께 낭독을 하고, 다른 주요 작가의 책은 각자 읽고 싶은 작품을 읽어 같은 작품을 읽은 사람들끼리 이야기를 나눈다. 토론하고, 각자 글을 써보고, 쓴 글을 또 함께 본다. 작품 속으로, 읽은 사람들 속으로 다가간다.

교재는 없고 학기 말에 각자 쓴 글이며 친구들이 쓴 글, 수업 자료들을 모아 '나의 책' 한 권을 묶는다. 마지막 시간에는 각자 책 소개를 하고 친구들의 책을 다 돌려본다. 다들 심혈을 기울여 만든 그 한 권 한 권의 제본서들에는 한 학기 동안 읽고 생각한 모든 것이 담긴다. 재치가, 빛나는 아이디어가 넘치는 구성과 장정에 감싸인 그 책들은 한 권 한 권이 다 하나밖에 없는 귀한 진품이다.

그 수업뿐만 아니라 다른 수업에서도 나는 특별한 교재가 없다. 교재 대신 학생들이 학기 말에 '나의 책'을 만들어낸다. 그 이유는 학생들 스스로가 배우고 싶은 마음이 생겨나서 그것을 찾아가는 과정을 내가 무엇보다 중요하게 생각하는 때문이다. 또 그들 스스로에게서 우러나오는 것을 내가 줄 수 있는 것보다 훨씬 더 귀하게 여기기 때문이다.

한 명 한 명이 만든 그 아름다운 책을 가끔씩 복제본으로 선물 받았건만, 책들로 내 연구실 한구석이 가득히 넘치고 있다. 그 책들을 볼 때마다 학생들의 얼굴이 하나하나 겹쳐져 온다. 또 한 사람 한 사람이 생각날 때마다 그들이 젊은 날 쓴 빛나는 글들, 이 세상에 하나뿐인 책이 겹쳐진다.

그들은 제각기 사회 속에서 제 자리들을 만들고 있다. 친구들의 글로 두꺼운 책 한 권을, 또 자신의 글로 책 한 권을 지극정성으로 만들었던 장수는, 세상이 그를 그대로 두기만 한다면 언젠가는 정말이지 노벨 경제학상을 받을 것이다.

온갖 공부를 다 하면서도 탈북자를 돌보고, 독거노인을 돌보고, 고가의 백혈병 치료제로 폭리를 취하는 다국적 제약사들을 조용히 날카롭게 성토하던 의학도 영수는 언젠가 슈바이처 같은 사람이 될 것이다.

토마스 만에 대해서 글을 쓰면서 제 아무리 멋진 말에도 '사랑이 없으면 꽹과리 소리일 뿐'이라는 구절을 그토록 눈여겨 읽었던 갑석이는 좋은 의사 선생님이 되어 있다. 세상에 그런 의사 선생님이 계시다는 생각만으로 즐겁다.

세월이 가다 보니 이제는 제본서인 '나의 책'이 아니라 정말로 출간이 된 귀한 저서들을 들고 찾아오는 사람들이 하나둘 늘어나고 있다. 책을 들고 나를 찾아오는 건 옛 '나의 책' 생각이 절로 나서일 것이다.

    어찌 꼽고 헤아리겠는가. 나의 자랑이고 기쁨인 사람들을. 어찌 하면 그 귀하고 빛나는 이들이 세상에 마모되지 않게 할까. 그것만 이 나의 물음이다.

    그런데 그 귀하고 빛나는 이들은 내가 알기 때문에 그렇게 귀하고 빛난다. 어쩌면 세상 모든 사람들은 우리가 모를 뿐이지, 진정한 관심을 가지고 들여다보면 다 그렇게 귀하고 빛날 것이다.

    젊은이들은 더더욱.

그 귀하고 빛나는 이들은 내가 알기 때문에 그렇게 귀하고 빛난다.
어쩌면 세상 모든 사람들은 우리가 모를 뿐이지,
진정한 관심을 가지고 들여다보면
다 그렇게 귀하고 빛날 것이다.

레게머리
지원이

언젠가 MT 왔을 적
내 집 근처 강가가 드넓다고 신이 나서
제대로 엮은 레게머리 휘날리며, 자갈밭에 물구나무서며
랩을 부르던 지원이

보는 나는 손바닥이 아픈데
아랑곳없이 기나긴 랩을 다 부르더니
십 년 뒤 자하연 가로 나를 찾아왔다
그사이 그 랩 부르던 힘으로 공부하여
고시 붙고, 연수원 다니고, 변호사 하고,

캄보디아에도 일 년쯤 가 살고, 군법무관도 하며
이제 대학원 공부하러 왔단다
판사 할 텐데 학위는 뭣하러 하느냐고 했더니

통일 되면, 법원 통합 작업
할 수 있으면 하고, 아니면
김일성대학 교수 하려
준비한단다. 캄보디아에도
그래서 가서 살아보았단다

놀 때 놀던 지원이
공부할 때 독하게 공부하고
일할 때 멋들어지게 일하누나

언젠가 십 년 공부했어도
남의 나라, 독일
분단 통일에 대한 성찰 겨우 썼던 내게
지원이는 초대장 먼저 내민다,
대동강 강가로 학생들 데리고 MT 오시라고
고맙고 반가운 나도 초대장 내민다
내 집 근처 그 강가로 다시 MT 오라고

— 김일성대학 학생들 데리고

　이 시는 출판하지 않은 《자하연 이야기》에 넣어 간수해둔 것이다. 관악은 서울대학이 그 자락에 자리 잡은 산이고, 자하연은 그 캠퍼스 한편에 있는 조그만 연못이다. 시를 다듬지 못한 것은 이야기에 덧붙이거나 뺄 게 없어서이고, 그럼에도 간수해둔 것은 너무도 소중한 이야기라 꼭 간직했다가 언제 어딘가에서든 전하고 싶었기 때문이다.
　학교에 있어도 늘 연구실에만 있는 것은 아니어서, 어쩌다 학교 오는 길에 들른 반가운 사람들이 미안하게도 헛걸음하고 가는 일이 가끔 있다. 한번은 내 수업을 들은 지 여러 해가 지났고, 또 결코 한가할 수 없는 지원이가 연구실 문 앞에 쪽지를 남기고 갔다. 반갑고 처음이 아니어서, 또 놓친 게 얼마나 서운하던지 이리저리 연락처를 알아본 끝에 연락이 닿았다. 수소문하기를 얼마나 잘했던지.
　다시 연구실로 찾아온 지원이가 들려주는 이야기는 눈부셨다. 학생 시절 자갈밭에서 물구나무 서가며 기나긴 랩을 부르던 그 열정을 그사이 공부에다 다 쏟아서 이룬 성취 자체도 놀랍고 남다른 것이었지만, 지금의 모습과 지향은 더욱 눈부셨다.
　나를 찾아온 것은 밤 열 시에야 끝나는 대학원 야간 수업을 마친 후였다. 그때 그의 근무지와 집은 평택이었다. 낮에 일을 하고 공부하러 왔다가 가는 길이었다. 무언가 생각이 있어 그렇기야 하겠지만, 그래도 너무 힘들 것 같아서 판사 일 할 텐데 뭣하러 굳이 또 대학원을 다니느냐고 조심스럽게 물었다. 그래서 그 놀랍고 귀한 대답을 듣게 되었다.

지원이는 캄보디아에 가서 산 이야기를 많이 들려주었다. 거기 가서 봉사하며 꼬박 한 해를 살았다고 했다. 공산 체제가 무너진 이후의 사회를 몸으로 겪어보려고 캄보디아를 택해서 간 것이었다.

이렇게 통일을 구체적으로 준비하는 젊은이가 있다니, 그것도 내 수업을 들었던 사람이라니. 얼마나 놀랍고, 얼마나 든든하고, 얼마나 고맙고, 얼마나 아름다웠던지. 나는 겨우 남의 나라 독일의 분단, 통일을 두고 책 한 권을 썼는데 이제 그런 귀한 젊은이를 내 주변에 갖게 되었다.

휘날리던 레게머리며 자갈밭에서 물구나무 서며 랩을 열창하던 모습이 얼마나 생생하게 되살아나던지. (그렇게 제대로 땋은, 정말 아프리카인의 머리 같은 레게머리를 나는 우리나라에서 본 적이 없다.) 성숙해진 그는 이제 대학 초년의 그 잘 땋았던 레게머리처럼 놀라운 생각을 정밀하게 엮어가고 있었다. 오로지 개인적 성취만을 위해서 공부했다면 결코 날 수 없는 생각들이었다. 또 그 생각을 행동에 옮길 수 있는 능력을 갖추기 위하여 하나씩 하나씩 구체적으로 준비해나가고 있었다.

얼마 전에 다시 만난 지원이는 그사이에 법관에 임용되

었으나 여전히 대학원을 성실하게 다니고 있었다. 조금 더 이야기를 하다 보니 그는 그 멋진 장래의 소망 외에도, 당장의 소망이 한 가지 더 있었다. 세상에는 너무도 많은 빛나는 정신적, 인문학적 성취들이 있어서 그것들을 웬만하면 다! 가져보고 싶다고 했다.

만만치 않은 직업에 공부까지 하느라 시간이 넉넉할 리 없건만, 내가 부끄러울 만큼 엄청나게 많이 책을 사고 읽고 있는 것 같았다. 그 대신 다른 물건 같은 건 안 산다고 했다. (그 어느 온갖 명품을 걸친 사람이 이렇게 빛날 수 있겠는가.)

정치적 현실이 지원이의 계획이 실현될 수 있게 돕기를 다만 마음으로 간절히 빌 뿐 내가 어떻게 바로 도움이 될 길은 없다. 그러나 얼마나 든든한가. 어떤 경우에도 그런 빛나는 젊음은 우리의 미래를 지고 갈 것이다.

지원이가 들고 왔던 캄보디아 일기는 작은 책자이지만 지금도 내 책꽂이의 중요한 자리에 표지가 잘 보이게 꽂혀 있다.

세상에서 제일
고운 신부 선영이

손바닥 크기의 열두 장짜리 고운 한지 앨범 겉에는 손으로 '가연嘉緣'이라고 썼고 사진 열두 장이 붙어 있다. 선영이가 준 결혼식 사진첩이다. 그 '아름다운 인연'이 담긴 사진첩을 나만 받았을까. 아마도 가족과 가까운 사람들이 받았을 것이다. 요란하고 비싼 결혼식 사진 전문업자들에게 주문하지 않고 친구들과 자기들이 찍은 결혼식과 신혼여행 사진을 묶었다.

    사진첩이 작지만 병풍처럼 쫙 펼쳐지는 것이라 펼치면 열두 장의 사진이 한 편의 드라마로 한눈에 들어온다. 결혼식 때 모습만이 아니라 신혼여행 중에 들른 경주 안압지(동궁과 월지) 앞에서 한복을 입고 조신하게 선 신부의 모습, 호젓한 바닷가에서는 결혼식 때 입은 고운 드레스를 다시 입고 가만히 앉은 신부의 모습 등이 담겨 있다. 얼마나 고운지. 그 사진첩이 조그만 청첩장과 함께 '귀중본'으로 내 집에 놓여 있다.

내 마음속에 찍혀 있는 결혼식의 모습은 그 사진첩에도 비할 수 없이, 훨씬 더 아름답다. 선영이는 직접 그려 만든 '가례嘉禮'라고 적힌 고운 청첩장을 들고 찾아왔었다. 받은 사람들은 아마도 그 '아름다운 잔치'에 가기 위해 춘천까지의 제법 먼 길을 다들 즐겁게 갔을 것이다.

결혼식장에서 신부가 고운 드레스를 입고 걸어 들어오는데 더없이 곱기도 하려니와, 상당수의 하객은 저 고운 드레스를 누가 만들었는지 알기 때문에 신부의 고움은 하늘을 찌르는 것 같았다.

드레스를 신랑이 직접 만들었다. 무슨 관련업종 종사자가 아니다. 바느질을 해본 적도 거의 없다 했다. 사랑이 한 일이었다. 나중에 들으니 결혼식 전날 밤 늦게까지 마무리를 했다고 한다. 신부 손에 들린 고운 부케는 신랑 어머님이 만들어주신 것이라고 했다. 무슨 그런 것을 전문으로 하는 댁일 리 없다.

내 신부에게는 세상에서 제일 고운 옷을 내 손으로 지어 입히고 싶어 했던, 그렇게 하여 정말로 지어 입힌 신랑은 너무나도 의젓했다. 의례적인 성혼선언문용 물음, "신랑은 신부를 평생토록 사랑하겠는가?"의 물음에 신랑 기대는 온 예식장이 쩌렁쩌렁 울리도록 큰 소리로 "네!" 했다. 그 소중한 드레스를 고맙게 받아 입은 곱고 고운 신부는 신랑 곁에 다소곳이 서 있었다. 얼마나 아름다웠던지. 저 슬기로운 신랑 신부는 함께 세상 끝까지라도 갈 것이다.

아무도 소리 내어 말하지는 않았지만, 누구의 머릿속에서든 세상의 다른 결혼식들이 스쳐갔을 것이다. 결혼을 에워싸고 벌어지는 온갖 불필요한, 분수 넘는 허례허식이 얼마나 어리석은지를 일격에 증명해주는 결혼식이었다.

신랑 신부의 부모님도 따뜻하고 넉넉한 인품이 얼굴에 그대로 다 드러나 보이는 분들이셨다. 신부 아버님이 편찮으셔서 서둘러 한 결혼식이었다. 얼마 뒤 애석하게도 아버님은 가셨지만, 그 아름다운 결혼식을 보셨으니 마음 편히 좋은 곳으로 가셨을 것이다. 기뻐하시던 아버님의 선하디 선한 얼굴이 아직 내 눈에도 선하다.

결혼식이 끝나고 주차장으로 나오니 꽃을 매단 다마스 차 한 대가 서 있었다. 친구들이 꽃을 매달아준 그 작고 낡은 다마스 차를 타고 신랑 신부는 제일 먼저 신부 고향으로 가서, 거동이 어려워 결혼식에 참석 못 하신 신부 할머니를 찾아뵙고, 다음에는 신랑 고향을 찾아 어른들 뵙고, 또 그다음에는 그 작은 차로 전국을 한 바퀴 돌았다고 했다. 경치 좋은 곳에선 사진을 찍고, 선배나 선생님들이 있는 곳에서는 그분들을 찾아뵙고 좋은 말씀 듣고 밥도 얻어먹었다 한다. 그런 젊은이들이 세상에 있다는 건 얼마나 든든한지. 세상은 그런 이들이 끌고 갈 것이다.

지금은 신부가 멀리 공부하러 간 탓에 헤어져 있지만 그 젊은이들의 슬기로움은 몇 천 킬로미터 정도의 거리쯤은 충분히 극복할 것이다.

신부는 멀리 떠나기 전에 시골 고향에 계신 연로하신 할머니께 그때만 해도 갓 출시되어 전문가들, 마니아들이나 갖는 것으로 알던 아이패드를 사드리고 화상통화하는 방법을 가르쳐드렸다. 산골에 혼자 계신 할머니는 멀리 있는 손녀와 자주 화상통화를 하신다고 한다. 사랑스러운 손녀 얼굴을, 세상이 좋아서 기계를 통해서 볼 수 있는데, 아무리 연로하신들 어찌 아이패드 하나쯤 능숙히 안 다루시겠는가.

나는 학생들에게 한 학기 동안 '나의 책' 하나를 묶어보자고 했다. 그런 수업을 신부가 들었다. 신부는 그때도 교양수업에 불과한 그 수업을 위해 500여 쪽의 고운 책을 만들었다. 이제 보니, 나는 그저 책 하나를 묶어보자고 했는데, 이 아름다운 젊은이들은 책 한 권에 그치지 않고 그들의 삶으로 더없이 아름다운 자서전을 써가고 있었다.

니나에게
배운 것

10여 년 전, 몹시 더운 여름날 서울에서 한 소녀를 만났다. 평범한 얼굴이었지만 우리말을 못했다. 자신의 뿌리를 찾아보겠다고 독일에서 온 해외입양아였다. 독일에서 대학입학자격고사를 마치고는 곧바로 한국어를 조금 하는 독일 학생을 하나 찾아내어 함께 시베리아 횡단 열차를 타고 출발했다고 했다. 그렇게 러시아 끝까지 와서 바다를 건너, 신간선을 타고 일본 열도를 종단하여, 현해탄을 건너 부산으로 와서, 경부선 열차를 타고 서울로 왔다가, 서울에서부터 다시 온 나라를 한 바퀴 돌아다니고 난 참이었다.

그럼에도 자기 뿌리에 관한 아무런 자취도 찾지 못한 그 작은 소녀 니나의 헤진 샌들을 보기가 참 민망했었다. 그 민망함을 잊을 수 없어서 그 후 독일에 갔을 때 나는 니나를 찾아갔고, 그러면서 니나는 물론 그 가족과도 각별한 사이가 되었다.

니나는 무정한 조국의 그래도 아름다운 청자에 대한 기억으로 도자기 굽는 일로 전공을 바꾸었다. 지금은 유기농법에 관심을 가진 농학도 남편과 이탈리아에서 올리브 농사를 짓고 있다. 크는 동안 쌓인 설움이 만만치 않았으련만 그래도 바지런하고, 씩씩하고, 명랑하고, 정성껏 아이들을 키운다. 그저 대견하고 고맙기만 하다.

얼마 전에는 베를린 시댁에서 (그사이 니나의 시어머니가 나의 절친한 친구가 되어버렸고 그 집은 나의 베를린 거처가 되었다) 둘째 아이의 출산을 며칠 앞둔 니나를 만났다. 보험 혜택이 있는 연고지 독일로 출산을 하러 온 것이었다. 만삭의 몸으로 아직 어린 첫째 아이를 데리고 이탈리아에서 베를린까지 와서 고단하지 않을 리 없건만, 도착 직후부터 출산 전날까지 시어머니 댁의 쌓인 일을 찾아 하고, 대청소도 하고, 자기 출산 준비도 하고, 그 며칠을 틈틈이 베이비시터까지 하러 다니며 비용 마련도 하고 있었다.

출산 다음 날부터는 온 식구가 모이고 친구들의 축하 방문이 이어졌다. 조그만 아기를 한 손에 안은 채 목욕탕 욕조 가에 서서 작은 플라스틱 그릇에다 물을 받아 가볍게 씻기며, 빨래를 하며, 다 모여 열 명 가까워진 식구들을 도맡아 보살피며,

많은 축하객들을 접대하며, 나까지 신경을 써주는 것이었다. 마냥 몸 가볍고 명랑한 니나를, 그 몸은 분명 한국인인 니나를 보며 많은 생각이 오갔다.

무엇보다 출산을 둘러싼 우리의 '법석'이 머리를 스쳤다. 출산을 기뻐하는 것이야 소중한 풍습이지만, 여성이 평생 애 낳고 나서밖에는 잠시도 쉴 수 없었던 시대의 풍습이 과도하게 이어지지 않나, 그런 생각도 들 만큼 수선스럽다. 혹시 정신적인 자립심 부족과 관계 있는 것이 아닌가 하는 가벼운 의구심이 들기도 한다.

짝짓기에도 부모가 나서고, 애 낳는 데도 부모가 나서고, 애 엄마가 애 젖먹이는 것도 버거워하고, 밥 먹이는 것도 버거워하고, 한글 가르치는 것도 힘들어 한다. 이러다 국민 전체가 단체로 미성년화 되는 건 아닌가, 그렇게 아이고 어른이고 다 약해질 수밖에 없으니 국력이 저하되는 게 아닌가 하는 어처구니없는 기우마저 든다. 무엇보다 그런 약해진 사람들이 과도한 경쟁으로 공격성만 커지는 문제를 우려하지 않을 수 없다.

한편에서는 우리 아이들이 지나치게 귀하고, 다른 한편에서는 여전히 방치되거나 심지어 버려지고 있다. 우리 아이들이 모두 귀해지는 길이 없을까. 제도 탓으로 돌릴 일만은 아닌 것 같다. 만들어낼 제도도 없거니와 제도가 다 해결해줄 일도 아니다.

어찌하면 귀한 내 아이에 대한 관심을 좀 줄여서, 모든 아이에 대한 관심으로 돌릴 수 있을까. 이 숨 막히게 돌아가는 세상에서 부모인들 얼마나 오래 제 아이들의 바람막이가 되겠는가. 실패의 경험을 통하여 스스로 헤쳐나갈 수 있는 힘을 얻도록 하는 편이 낫지 않겠는가.

무엇보다 아이들에게 친구들의 소중함을 좀 더 가르쳐야 할 것 같다. 내가 남을, 사람을 귀하게 여기면 나도 자동으로 귀해지는 이 자명한 이치를 마음에 새겨주어야 할 것 같다. 능률화가 가속화되는 미래에는 인구의 8할 정도는 불필요하다는 진단마저 나오고 있고, 빈부격차의 심화도 심각하게 체감된다. 우리가 파멸로 가는 공룡이 될 수야 없지 않은가.

가끔씩 우리를 되돌아보게 하는 사람들을 마주친다. 니나는 유난히도 그런 사람이었다.

너는 거기 낮은 곳에

사람을 꿰뚫어보는 사람 하나를, 10년도 넘어 전에 인파가 북적이는 인사동 한구석에서 만난 적이 있다. 무슨 점을 보거나 하는 사람은 아니고 인사동 허름한 건물의 한 모퉁이 방에다 작은 출판사를 혼자서 차려놓고 있는 시인이었다. 도무지 사업을 할 것처럼 보이지 않는 사람이었다. 그이는 쿰란 동굴에서 나온 사해문서를 번역해줄 사람을 찾고 있었다.

청탁받은 원고 때문에 처음 그 출판사에 가게 되었는데, 몇 번 가지도 않아 나는 그이를 친구로 얻었다. 나이를 짐작할 수 없는 여성으로 도무지 말이 없는 사람인데 기이하게도 혜안이 있었다. 어쩌다 내가 가면, 내가 왜 왔는지를 늘 먼저 알았다. 그런데 도무지 사업을 하게 생기지 않았던 그 놀라운 사람은 과연 얼마 지나지 않아 출판사를 닫더니 중국으로 가버렸다.

처음에는 중국으로 전화가 되다가 그다음에는 한참 안 되더니 다시 연결이 되었을 때 하는 이야기가 믿을 수 없을 만치 놀라웠다. 베이징에서 그이는 티베트의 린포체로 연결되는 사람들을 만났고, 그래서 티베트로 가서 급기야는 그곳에서 고승高僧 여덟 명만 참석하는 최고 회의에까지 참석한다고 했다. 6천 미터도 넘는 히말라야 산중턱에 자신만의 동굴이 있다고도 했다.

그러고도 처음 일이 년은 신기하게도 연락이 닿았다. 내가 정말이지 너무 힘들어서, 너무 외로워서, 그 옛 베이징 전화번호로 전화를 하면 세상에! 전화를 받는 것이었다. 겨울이어서 그 고산의 움막에서 내려왔다거나 아니면 다른 사유로 잠깐 베이징에 온 것이었다. 그런데 더욱 놀라운 것은 여전히, 그 먼 거리에서도 여전히 내가 왜 전화를 했는지 아는 것이었다.

그러다 한 번 서울에 오기까지 했다. 《티베트, 그 비밀의 만트라 속으로》라는 책 한 권을 얼른 써서 남겨놓고는 다시 가버렸다. 그 이후로 단 한 번의 통화가 있었다. 그 마지막 통화에서 그이는 내게 티베트의 고승 회의 이야기를 조금 상세히 해주었다. 그곳에서는 물위를 건너는 것쯤은 얕은 '기술'로 본다며 자기의 사부師傅, 최고의 라마승이 기도를 하면 그 추운 고산의 한겨울에도 사방이 따뜻해진다는 것이었다.

그때 알 수 없는 수렁에 빠져 있던 내가 짧게 물었다. 나도 거기 좀 가면 안 되겠느냐고. 그랬더니 그이가 한 마지막 한 마디가 "너는 그냥 거기 낮은 곳에 있으라"는 것이었다. 쐐기처럼 와 박힌 "너는 그냥 거기 낮은 곳에"의 의미를 두고 오래 생각했다. 왜 그 과묵한 이가 굳이 고승 회의 이야기를 상세히 들려주었는지도 두고두고 생각해보았다.

주변의 사방을 따뜻하게 만드는 기도가 티베트 고산에서만 필요한 건 아니라는 뜻이었다고 짐작한다. 그것이 물위를 걷는 기적의 기술보다 훨씬 더 중요한 것이라는 말을 해주려 했다고 짐작한다. 그냥 짐작만 한다.

그 이후로는 다시 연락이 안 된다. 정말 비밀의 만트라 속으로 스며버린 것 같다. 서운하지만 그 높은 곳에 그이가 이제 아주 머물러 있는 줄 안다. 그이가 마지막으로 와서 만들어놓고 간 책을 들춰 보면, 신기한 이야기가 많이 담겨 있다. 그이가 관심 있던 사해 가의 쿰란에도 가보고 그 동굴에 수천 년을 묻혀 있다가 나온 문서들도 보았다. 쿰란이나 티베트 자체가 문제겠는가. 그런 것을 좇아서 아주 그쪽으로 가버린 그이의 관심은 아마도, 우리 안의 그 어떤 높은 것, 궁극의 것에 가 닿고 그것을 간직하는 것에 겨누어져 있었으리라.

한 차례, 그러니까 그이가 마지막으로 서울에 와서 만났을 때 작은 약병을 하나 주고 갔다. 암 투병을 하고 있던 어느 맑고 맑은 시인을 위해서 또 나를 위해서 약을 조금 가지고 왔는데 그 약은 티베트에 있는 자신의 사부가 약초를 모아 만든 것이라 했다. 나는 너무도 신기해서, 그리고 그 모든 것이 조금은 믿어지지 않기도 해서, 일단 냉장고에 넣어두었다.

그런데 호기심 많은 아들이 어느 날, 약은 써봐야 하는 것 아니냐며 모기에 지독하게 쏘여 통통 부은 자기 팔에다 그 약을 발라보려 했다. 나는 처음에는 그런 하찮은 데 쓰는 약 아니라고, 화들짝 말리다가 그럼 조금만 발라보라고 했다. 그런데 자기 방으로 돌아 간 아들이 금방 놀란 소리를 지르며 튀어나왔다. 우리가 보고 있는데 그 통통 부었던 물린 자리가 서서히 가라앉는 것이었다. 너무도 놀라 그 약병을 소중히 다시 냉장고에 넣고, 다시는 그 약을 함부로 쓸 수가 없었다. 참으로 여러 해가 지난 지금도 들어 있다. 세월이 많이도 갔고 그사이 이사도 많이 다녔으니 아직도 약효가 남아 있는지는 모르겠다.

그런 신기한 약 덕에 부디 그 투병 중이라던 시인이 나았기만 간절히 빌어본다. 또 내 깜냥으로 실행이야 어렵지만, 이 낮은 곳에서 조금이나마 주변을 따뜻하게 하며 살라는 당부를 새겨듣는 것으로 친구를 놓친 아쉬움을 달랜다.

사랑을
통해서만

언젠가 출판사로부터 번역을 제안받았는데 문학작품도 아니고 심리학 책이었다. 당연히 내가 할 일인가 하는 물음이 있어 책을 꼼꼼히 검토했다. 좋은 책이었다. 사랑하지 않으면 사람들이 어떻게 병드는가를 보여주어, 얼마나 우리가 사랑해야 하는가, 어떻게 사랑해야 하는가를 보여주는 책이었다. 원제는 그냥 '사랑 Die Liebe'이다.

참 즐겁게 번역했다. 사람들에게 실질적인 도움이 될 수 있는 좋은 책이라 번역 일이 즐거웠다. 그리고 무엇보다 일을 마치고 집으로 돌아와, 내 아이들에게 이것저것 조언을 구하며 조금씩 조금씩 번역할 수 있어서 얼마나 즐거웠는지.

아이들과 함께하는 그 시간이 기다려져서 서둘러 집으로 돌아오곤 했다. 아이들에게 이 책을 번역하는 동안에는 엄마가 일을 하고 있어도 언제든지 방해해도 좋다고 미리 말하였다. 이 책은 '사랑'이므로.

그런데 얼마 지나지 않아 출판사가 망해버렸다. 나중에 어떤 출판사에서 다시 출판하여 조금 더 세상을 떠돌았다고 한다.

나중에 이 책을 잘 읽었다는 사람이, 이 책을 다시 내고 싶다며 다른 심리학 책《불안Angst》의 번역도 부탁해서, 사랑과 불안이 나란히 나오면 참 좋을 것 같아 번역하게 된 일이 있었다. 게다가《사랑》이 어떻게 사랑할 것인가를 쓴 책이라면,《불안》은 사랑하지 않으면 사람이 어찌 되는지를 적은 책이었다. '기술'이 아니라 사랑 '원론'이라고 불러야 할 에리히 프롬의《사랑의 기술》까지 세 권이 나란히 함께 있으면 더욱 좋을 것 같았다.

하지만 출판사에서는 처음에 말했던 대로《사랑》과《불안》두 권을 나란히 내지 않고 '불안의 심리'라고 제목을 달아서《불안》한 권만 내었다. 이야기가 처음과 다른데 왜 그러냐고 했더니, 요즘은 사랑의 방식이 너무 바뀌어서 그렇다고 했다. '사랑'이 이제는 안 팔릴 것 같아서 그렇다는 말이었다.

사랑의 방식이 바뀌는 걸까. 그럴까? 한 사람을, 또 세상 무엇인가를 주의 깊게 바라보고 소중하게 아끼는 마음이 바뀔까, 왜 바뀐다고 생각하는 걸까.

생의 한 모퉁이를 돌아선 지금, 사랑은 내게 무엇인가. 무어라 한마디로 말해야 할지 아직도 잘 모르겠다. 세상의 온갖 종교와 철학도 그것을 넘어서는 복음을 아직 생각해내지 못한 걸 보면 아마 몹시도 귀한 것, 가장 귀한 것에다 사람들이 사랑이라는 이름을 붙여놓은 것 같다. 귀한 무언가를 향해 가는 마음을 그렇게 부르는 것 같다.

뒤집어 생각해보면 사랑을 통하여 우리는 우리가 사랑하는 것의 귀함을 깨우치는 중이든지, 아니면 사랑을 통하여 우리가 그것을 귀하게 만드는 중일 것이다.

우리가 사랑하는 대상이 미미한 것이라면, 우리의 사랑이 그것을 살리고 키울 것이다. 그럼으로써 미미한 나도, 무엇인가를 소중히 할 줄 아는 귀한 사람이 되는 것이리라. 무언가 큰 것을, 거리를 두거나 실없이 미워하는 대신 사랑한다면, 어쩌면 나도 그만큼 따라서 커가고 있는 중일 것이다.

그러나 그 모든 것에 무얼 얻어내겠다는 생각과 계산이 끼어들면, 그때는 사랑이 부서지고 만다. 세상 허섭스레기에 가 있는 눈길은 단호히 거두어들여야 한다. 그런 것들을 바라보고 '사랑' 아닌 사랑을 하는 동안 우리는 귀한 것, 가엾은 것, 우리 모두 나서서 바꾸어야 할 것, 자라나는 것, 푸르른 것은 확실하게 외면하고 있다.

문제투성이 세상을 생각하면 눈앞이 캄캄해질 때가 많고

이런 모든 생각이 한가해 보이기까지 하지만, 어쩌겠는가. 여기가 내가 살고 있고 내 사랑하는 이들이 살아가야 할 곳이다. 우리를 살리는 길은 저 귀한 것, 저 가엾은 것, 우리 모두 나서서 바꾸어야 할 것, 저 자라나는 것, 저 푸르른 것 하나하나를 눈여겨보는 것이다.

사랑이 우리를 살리고, 사랑으로 우리는 이룬다. 돌아보면, 마음 아팠던 첫사랑을 통해서만도, 그때는 아무리 마음에 멍이 들었어도, 우리는 얼마나 자랐던가. 아마도 사랑은 그런 것이 아닐까?

생의 한 모퉁이를 돌아선 지금, 사랑은 내게 무엇인가.
무어라 한마디로 말해야 할지 아직도 잘 모르겠다.
세상의 온갖 종교와 철학도 그것을 넘어서는 복음을
아직 생각해내지 못한 걸 보면 아마 몹시도 귀한 것,
가장 귀한 것에다 사람들이 사랑이라는 이름을 붙여놓은 것 같다.
귀한 무언가를 향해 가는 마음을 그렇게 부르는 것 같다.

은행잎 쿠키,
4대에 걸친 우정

지난 여러 해 동안 크리스마스 때면 뒤셀도르프에 갔다. 금년에는 베를린에 갔다. 뒤셀도르프에 계속 간 것은 내가 많은 도움을 받은 홀레 씨 부부 댁의 크리스마스 트리를 장식하기 위해서였다. 연로해지시면서 천장에 닿는 큰 크리스마스 트리에다 장식을 제 날짜에 달 사람이 마땅치 않은 것을 눈치 채고 내가 그 일을 자임했다. 물론 한 해에 한 번은 찾아뵙기 위해서이다. 평생을 해오던 일을 못하시게 되어 낙심하실 줄로 짐작도 되었다.

    트리 장식품은 하나같이 정교한 것들인데, 대부분 대를 물려온 것으로 크리스마스가 지나면 다시 하나씩 고이 싸서 다음 해를 위해 간수된다. 작은 장식품만 그렇게 소중히 간직했겠는가. 두 분은 사람들을 많이 아끼셨다. 트리 앞에는 커다란 바구니에 그즈음 도착한 크리스마스 카드들이 늘 수북했는데, 정월 내내 두고 읽어야 할 양이었다.

이제 부군이 작고하셔서 혼자 남으신 홀레 부인은 베를린 딸네 근처로 이사를 가셨다. 딸 내외가 많이 바쁜데, 손자손녀들이 아직은 할머니라도 필요한 시기이고, 당신도 보아줄 힘이 남아 있는 동안에 조금이라도 봐주고 싶다면서 말이다. 연로하신 분이 거의 평생 사시던 곳을 떠나 대도시로 가는 것이 나는 마냥 걱정스러웠는데, 이번에 가서 보고 오니 마음이 놓였다.

뒤셀도르프가 아니라 이번에는 베를린에서 홀레 부인과 많은 이야기를 나누었다. 홀레 부인 어머니는 제2차 세계대전 중이던 여덟 살 때, 아버지가 전장에 나가 있는 동안 어머니가 갑자기 돌아가셔서 일곱 살, 열한 달밖에 안 된 두 동생과 먼 시골의 친척집에 가서 컸다고 했다.

어머니는 결혼 전에 런던의 어떤 의사 집에서 잠깐 가사 도우미를 했는데 그때 그 집 딸과 친해졌다 한다. 그런데 전쟁이 끝나자 그 영국 의사의 딸이 (독일과 영국은 적국이었다) 잿더미가 되어버린 베를린으로 어린 홀레 부인과 동생들, 그러니까 죽은 친구의 자녀들을 찾아왔다고 한다.

세월이 가면서 그분도 돌아가셨지만, 지금 두 집안은 4대째 친구로 지내고 있다. 홀레 부인의 아들이 런던에 살고 있는데 그 아이들이 그 옛 증조할머니의 친구의 증손자들과 친하다는 것이다. 홀레 부인의 아들이, 독일이 아니라 영국에 자리 잡아 사는 데도 그 우정이 큰 역할을 했으리라 짐작된다.

생각해보니 홀레 부인이 영문학을 전공한 것, 딸과 아들이 다 영국인과 결혼한 것들도 조금씩은 연관이 있을 것 같다. 전쟁이 끝난 뒤 폐허로 엄마 잃은 아이들을 찾아 먼 길을 왔던 '적국' 영국인 어머니 친구를 어찌 잊었겠는가. 그 고마움을 홀레 부인은 그 자녀들에게 대를 이어, 나아가 널리 세상에다 두고두고 갚고 있는 것 같다.

홀레 씨 댁은 그렇게 인연을 참 소중히 여기는 분들이다. 크리스마스 무렵 그 집의 커다란 바구니를 다 채우고도 넘쳐흐르는 카드들은 다 무언가로 그 댁의 돌봄을 받거나 신세진 것이 있는 사람들이 보낸 것이다. 나도 그중 한 사람이다.

성탄절 둘째 날이면 집안사람들이 다 모이는데 사오십 명은 된다. 대자代子만도 스물아홉 명이다. 그런데 나에게마저 늘 지극정성이 담긴 편지를 주시고, 내가 관심이 있을 만한 기사들을 다 오려두었다가 긴 세월을 두고 일 년에 두 차례 커다란 봉투에 담아 보내주신다. 내가 독일어로 낸 책은 다 그 댁 책꽂이에 꽂혀 있다. 심지어 내 딸 논문까지 꽂혀 있다.

그 많은 사람에게 홀레 부인은 날마다 손으로, 또 구식 타자기로 글을 써서 보낸다. 사람에게 들이는 그 정성을 보노라면, 바쁘다는 핑계로 정작 소중한 일에서는 소홀한 내가 늘 부끄럽다.

많은 이야기를 나눈 다음 함께 딸네 집에도 갔다. 온 식구가 따뜻하게 맞아주었다. 유치원에 다니는 한 아이와, 아직 유치원에 못 간 두 아이도 좋아라 했다. 정성스럽게 꾸민 트리가 이제는 그 집에 서 있었다. 그 트리 아래서 차를 마시며 이야기를 나누었다.

아이는 귀한 손님 맞이를 위해 그사이 외워둔 제법 긴 시를 트리 앞에 서서 암송했다. 안주인이 차와 케이크를 가지고 나오자 유치원에 다니는 딸아이도 접시 하나를 가지고 왔다. 접시에 아주 고운 은행잎 모양의 과자가 두 개 담겨 있다. 나를 위해서 자기가 만들어서 엄마가 케이크 구울 때 같이 구웠다고 했다.

내가 괴테 공부를 한다고, 괴테가 〈은행나무〉란 시를 썼다고, 은행잎 과자 두 개를 만들어 구운 것이다. 갈라진 이파리 두 쪽 중 한 쪽에는 초콜릿을 바르고 다른 한 쪽에는 그 위에다 아주 작은 별 같은 빨강 젤리 하나까지 놓았다. 공들인 모습이 역력했다. 과자가 얼마나 예쁜지. 그걸 들고 온 아이는 또 얼마나 더 예뻤겠는가.

아이들에게 그런 것을 가르치는 젊은 엄마는 또 얼마나 예쁜지. 그런 이들이 사는 세상은 얼마나 든든한지. 떠날 때 홀레 부인은 나에게, 당신이 세상을 떠나더라도 당신 딸과 연락

하고 지내라고, 또 내 딸도 다음번에 베를린에 올 일 있을 때는 꼭 연락하라고 부탁하셨다. 어찌 그러지 않겠는가.

차마 먹지 못하고 냅킨에 싸서 고이 들고 온 그 은행잎 쿠키가 내 방 창턱에 곱게 놓여 있다.

과자 두 개 — 아무 것도 아닐 수도 있다. 그러나 바쁜 엄마가 손님을 위해 케이크를 굽고, 그 곁에서 자기도 과자를 만들고, 언젠가 자기에게도 다정했던 가물가물한 그 손님을 떠올리며 과자를 예쁘게 만들려 애쓰고, 과자가 구워지는 동안 오븐을 보고 또 보고 하며 기다리고, 오븐에서 완성된 과자가 나왔을 때 만세를 부르며 뜨거운 과자를 호호 불며 접시에 담고, 그러다가 손님이 왔을 때 자랑스럽게 의젓이 그 접시를 들고 나오는 모습이 다 그려진다. 그 아이가 그렇게 한 그 모든 시간, 내가 그것을 그려보는 이 모든 시간은 사람과 사람이 묶이는 시간이다.

내가 그 집에 닿았을 때 — 여러 번 본 것도 아니니 어쩌면 그사이 잊어버렸을 수도 있는 사람을 — 아이들이 날뛰며 반기던 것도 아마 그래서였을 것이다. 언제든 몇십 년이 지나서라도, 그 애가 나를 찾아온다면, 혹시 어디선가 그 애가 내 도움이 필요하다면, 난들 어찌 그냥 그저 덤덤하겠는가. 그 애 비슷한 아이들도 다 귀하지 않겠는가.

차마 잠든 딸을 깨우지 못하고

산수유, 목련, 진달래, 개나리, 옥매화가 다투어 피어날 무렵이면 나는 그 꽃들을 똑바로 잘 쳐다보질 못한다.

어머니께서 아끼셨던 꽃들이라 어머니 가신 지 꽤 되었건만 아직도 그렇다. 시달리셨던 병고를 생각하면, 어머니는 그래도 오래 사셨다. 언젠가 내가 독일에 갔을 때 자주도 못 하는 전화를 드리며 상태가 안 좋으신 것 같아 괜찮으시냐고 물었다. 그랬더니 지나가는 말처럼 "너 돌아오는 건 봐야지" 하셨다.

내가 돌아오고 이틀 후에 어머니는 돌아가셨다. 그런데 임종을 지키지 못했다. 숨이 몹시 가쁘셔서, 하룻밤만 곁에 있겠다고 했더니 너무도 완강하게 가라는 손짓을 하시는 바람에 하는 수 없이 자리를 떴다. 딸이 얼마나 할 일이 많은지, 한동안 집과 학교를 비웠으니 얼마나 더 많을지 잘 아셨다.

사실 늘 그러셨다. 그런데 그렇게 딸 오기를 기다렸다가 돌아가실 분이, 그때조차도 얼굴 봤으니 됐다고 곁에 잠시를 더 앉아 있지 못하게 하셨다. 집에 돌아와 출판사에 보낼 급한 원고를 밤새 만들고 아침에 출근을 했는데 아버지 전화를 받았다. 택시가 얼마나 느리던지. 나는 뒤늦게 오래 안 사던 차를 샀다.

참으로 힘든 인생을 사셨고 조금 허리 펴실 때쯤부터는 오랜 세월 병고에 시달리다가 가셨다. 그러면서도 꽃을 좋아하셔서 꽃 있는 곳을 지나시면 꽃가지 하나라도 내게 가져다주고 싶어 하셨다. 봄가을 창호지를 갈아 바를 때면 내 방 창문만은 꼭 문고리 가까이에 진달래, 개나리 혹은 맨드라미, 국화를 넣어 한 겹씩 덧발라주셨다. 한지에 어리비치는 꽃잎의 연한 빛깔, 조금씩 탈색되어 가는 그 빛깔은 가장 선명하고 화사하게 남아 있는 내 어린 시절의 기억이다.

두 장의 창호지 사이에 밀어 넣어진 그 몇 잎 꽃이파리가 더욱 선명하게 다가오게 된 것은 고3 시절이었다. 일찍부터 혼자 서울에 와서 살았는데, 언젠가는 집도 서울로 이사를 오게 되었다. 어머니가 많이 편찮으셨다. 고생이 좀 끝나자 병이 나 버렸는데, 서울에는 좋은 병원이 있었다.

나는 얼마만큼은 살림을 해가며 가끔은 병원에서 학교를 다니게 되었는데, 고3이 되어서는 분초를 다투도록 마음이 급해졌다. 어머니께 힘드시지만 새벽에 좀 깨워달라는 부탁을 했다. (그때는 자명종이 없었다.) 몇 차례 부탁을 드렸지만 어머니는 한 번도 나를 깨워주시질 않아서 원망스러웠다.

그 무렵 어느 새벽, 나는 무슨 소리에 잠이 깨었는데 그것은 몹시도 조심스럽게 낡은 계단을 오르는 발소리였다. 문득 무서운 생각이 들어 숨죽이고 있는데 이윽고 조심스럽게 방문이 열리더니 가만히 들어선 사람은 어머니였다. 사람을 깨우겠다고 오신 분이 한껏 발소리를 죽여 가만가만 몇 걸음 다가오셔서 내 모습을 한참 내려다보시다가는 그냥 창문 쪽으로 가서 마냥 그대로 서 계시는 것이었다.

창호지 문으로 비쳐드는 뿌연 어둠 속에서, 깨울 사람을 깨우지 못한 채 그냥 서서 보이지도 않는 창밖만 내다보고 서 계신 어머니의 모습과 창호지 속에 든 꽃의 음영만 가늘게 뜬 내 눈에 들어왔다.

왠지 나는 숨이 막혔다. 힘겨운 딸에 대한 안쓰러움, 딸에 의지해오신 어머니의 미안해하는 마음이 전류처럼 흘러와 목이 메었던 것이다. 나는 끝내 숨죽이고 있었다. 다음 날도 그다음 날도 낡은 계단의 조심스러운 삐걱거림 소리에 나는 잠이 깨었고 어머니는 여전히 나를 깨우지 못하셨다.

결국 어머니는 수험생 딸을 한 번도 못 깨워주셨는데, 어느덧 나는 계단의 삐걱거림 소리만으로도 잠을 깨고 그 소리가 날 시간이면 먼저 깨어 있게 되었다. 지금도 나는 언제든 원하는 시간에 분까지 정확하게 잠을 깰 수 있어 식구들로부터 배꼽에 시계가 달렸다는 놀림을 받곤 한다.

그런데 나는, 내 아이들의 아침을 챙겨 먹이고 학교에 보내야 하던 때, 밤늦도록 컴퓨터에 매달려 있느라 막무가내로 안 일어나는 아들을 아침마다 우당탕탕 도둑 잡듯 요란하게 깨웠다.

그러면서도 내 의식의 뒤편에는 늘 어머니가 머물러 계신다. 그렇게 편찮으시면서도 의식이 있는 한 세수 못한 흐트러진 모습을 보이신 적이 없는 단정함, 글씨 적힌 종이면 찢긴 신문지 조각조차도 발로 타넘는 법이 없었던 글에 대한 간절함…….

무엇보다 그 새벽 어머니의 실루엣과 창호지 속 꽃이파리의 음영. 올해도 어김없이 다투어 피어나고 있는 이 눈 시린 봄꽃들에 그 모습이 어려 있다.

시를 굽는
사람들

시를 쓰지 않을 순 없었다

언제나 갈림길에 서 있었다. 학문과 나 자신의 시詩 사이 어느 어름쯤. 나는 시장에 내놓을 만한 시를 쓰지 못했고, 시장에 들고 나갈 시간도 능력도 없었다. 그러나 시를 쓰지 않고 살 수는 없었다.

어려서부터 시를 많이 썼는데 또한 부끄러움이 많았다. 스무 살쯤 작품을 한 번 발표하고는 어찌나 부끄러운지 그만 시를 안 쓰겠다고 결심을 해버렸다. (스무 살 때 한 일이 그것밖에 없었다.) 결심대로 착실하게 스무 해쯤 시를 안 쓰고 살았으나, 마흔 직전에 어떤 계기에 그 둑이 터져버렸다. 한 번 봇물이 터진 시는 멈추지를 않고 그냥 끝도 없이 써졌다. 나는 늘 받아

적을 뿐.

그러더니 어느 때부터인가 전혀 나 자신의 의지와는 무관하게 글이 독일어로 쓰였다. 시부터, 그다음에는 산문까지도. 어처구니없는 일이었다. 한글로 써서도 무얼 할지 모르겠는 글을 독일어로 써서 어쩌겠는가.

내 상황이 그 지경에 이른 것은 어쩌면 내 속에 남아 있는 마지막 허영을 지우려는 것이 아닐까라는 생각을 해본다. 또 어쩌면……당시 국내 문단과 출판계에 대한 환멸이 너무 컸던 탓이리라. 낯선 말로 글을 쓴다면, 출판이나 시장 같은 것에 대한 고려야 원천적으로 봉쇄될 수밖에 없고, 나는 써지는 것을 그냥 써도 되지 않겠는가. 뭐 그런 무의식이 있지 않았을까 생각도 해본다. 더구나 독일어로 쓰면 독자가 한두 사람은 있을 것 같았다. 한글로 쓰면 그러기도 어려울 것 같았다.

잘 모르겠다. 어쨌든 그침 없이 쓸 수밖에 없는 시는 이제 다 독일어로 쓰여졌다. 많이 당황했다. 나는 그때 벌써 55세. 그런데 이제 어디로 가야 할지 알 수 없었다. 무엇보다 갖가지 세상일에 아주 많이 지쳐 있었다.

마침 독일 뮌헨에 있던 참이어서, 두세 시간 거리에 있는 존경하는 시인이 사는 작은 동네를 찾아갔다. 그 마을에 작은 호텔이 하나 있다는 것을 알고 있었다. 이틀쯤 거기에 있으면서, 나에게 가장 귀한 것, 휴식을 누릴 참이었다. 행여 그 시인이 집에 있고 — 많은 일정으로 집을 자주 비우시는 분이었다

— 혹시 나를 위해 시간을 낼 수 있다면, 그 시인께 한번 물어보고 싶었다. 나 같은 사람은 어디로 가야 할 것 같으냐고.

호텔 방에 짐을 풀고 작은 서류봉투에 메모를 얹어 우편함에 넣어두고 오려고 마을 끝집인 시인의 집으로 향했다. 눈이 몹시 왔다. 가지고 간 것을 우편함에 집어넣는데 눈 때문에 시간이 걸렸다. 잘 들어가지도 않았다. 내리는 폭설에 젖어버릴 게 틀림없었다. 집 안에 누가 있으면 나와 보고 젖은 봉투를 들고 들어가려니 하고 벨을 누르고는 돌아섰다. 그때 이층 발코니에서 시인이 나오더니 누구냐고 물었다. 나는 얼떨결에 "우편물요" 했다.

좀 미심쩍은 듯 잠깐 기다리라더니 시인이 내려왔다. 나중에 행상이 온 줄 알았다고 하셨다. 나를 한참 보더니 혹시 한국에서 오지 않았냐고 물었다. 만난 적이 있지만 아주 여러 해 전이었다. 그렇다고 했더니 들어오라고 했다. 나는 그렇게 느닷없이 들어갈 수는 없고 저 아래 호텔에 이틀 동안 있으니 혹시라도 틈이 나서 연락 주시면 잠깐 다녀가겠노라고 했다. 다음 날 오후로 약속을 잡았다.

다음날 아침, 약속시간 훨씬 전인데 시인의 아내분이 호텔로 나를 데리러 왔다. 그다음 그 집 거실에 앉아서 여섯 시간 반이 갔다. 내 시를(내가 그 집 우편함에 넣으려 했던 것은 나의 신작 시 묶음이었다) 그사이 전부 깨알 같은 연필 글씨로 베껴놓고 그걸 들고 나에게 이야기하시는 것이었다. "이제부터 당신을 교수에서 동료로 격하시키겠다"며. 놀라운 얘기였다. 시인은 여기는 왜 쉼표보다 마침표가 좋은가, 여기는 행을 바꾸는 편이 왜 좋은가 등등을 여섯 시간 반 동안 이야기하셨다. 나는 말을 잃고 들었다.

　호텔로 돌아와 조금 자고, 기차로 두어 시간 거리의 뮌헨으로 돌아가지 않고, 첫 기차로 여덟 시간쯤의 거리인 프랑크푸르트까지 갔다. 나도 누군가를 위해 무언가를 해야 할 것 같았다. 거기서 그곳 괴테 하우스 원장의 한국 영사와의 대화를 조금 도와주고 나서 (원장한테서 도와주면 좋겠다는 말을 일전에 들었으나 먼 길 갈 일이 자신 없어서 확답을 못했었다) 밤에야 뮌헨으로 돌아왔다. 방으로 들어서는데 전화벨이 울렸다. 라이너 쿤체 시인이었다. 잘 돌아갔느냐면서 어제 같이 이야기한 내 시가 가을에 책으로 나온단다. 나는 다시 말을 잃었다. 시인이 했던 말만 귀에서, 가슴에서 크게 울렸다. 내가 그분께 차마 던지지 못했던 질문에 대한 답이었기 때문이다. 그분이 그러셨다. "여기에 뿌리 내리세요." 여기란 방황하는 내가 읽은 남의 나라 언어 속이었다. 참으로 놀라운 일이었다.

　나중에 출판사에도 가보았다. 아주 조그만, 정다운 출판사였다. 대학병원에서 환자들을 돌보는 분인데 번 돈을 쏟아서 본인이 내고 싶은 책을 낸다. 프랑크푸르트 도서전에는 책을 내지 않는단다. 책은 자기에게는 '상품'이 아니기 때문에. 세상 한 구석에는 그런 사람들도 있었다.

맑은 사람들을 위한 집
'여백서원'

'시정'이 도나우 강변에 곱게 서고 난 후, 독일 '시정'이 지부支部라면 한국 본부라 할 '여백서원'을 세우는 계획이 구체화되어 갔다. 황공하게 받은 상금 덕에 후다닥 시작하여 힘과 가진 모든 돈을 다 털어 넣고 나니 나는 그야말로 빈손이었다. 그런데 국내에도 어떻게든 집 한 채를 또 지어야 할 이유가 있었다.

　독일에 정자를 지을 때, 그 계획을 너무도 기뻐하신 생전의 아버지께서 정자 짓는 데 보태라고 일억 원을 마련해 주셨다. 엄청난 돈이었다. 아버지는 돌아가실 때까지 30여 년을 혼자 사셨는데 워낙 근검하셔서 당신 자신을 위해서는 월 이삼십만 원밖에 안 쓰신 분이다. 아마도 평생 모으셨을 그 귀한 거액을, 그만큼 크신 기쁨과 격려의 표현인 줄은 알지만, 그래도 나는 그 돈을 차마 쓸 수가 없어 내가 가진 돈으로만 지었다. 대신 아버지가 주신 돈으로는 내 시골 밭 곁에 붙은 작은 산등성이를 샀다.

밭과 작은 산등성이 ― 두 땅을 합하니 땅이 제법 되었다 ― 그 귀한 땅을 나 혼자 쓸 수는 없었다. 나무만 심을 게 아니라, 아버지의 뜻도 살려서 여러 사람이 와서 좀 쉬기도 하고 공부도 할 곳을 만들어야겠다고 생각했다.

도시에서 시달리던 사람들이 와서 조금 숨을 돌릴 수 있는 여백餘白과도 같은 공간은 그렇게 구체화되었다. 그렇게 '오해'되어도 참 좋은, 실은 남을 '여餘' 자가 아니라 같을 '여如'를 쓰는 여백서원如白書院이다. 여백은, 아버지의 호이다.

2013년 성탄절 전날, 여백서원 공사가 시작되었다. 나도 국내에 없고, 허가도 늦어져 해가 가기 전에 공사를 시작하리라고는 생각하지 못했다. 날이 추워지니 시멘트가 얼면 안 되는 건 다 아는 일이다. 그러나 목조 골조가 세워져 찬바람 맞으며 겨울을 나면 좋다는 이야기는 처음부터 있었다. 그래도 기초가 되어야 목재를 세울 테니 가망 없는 일로 생각되었다. 그런데도 공사를 진행한 데는, 건축하시는 분들의 판단이 있었을 것이다.

나는 독일 바이마르의 니체 하우스에 앉아 있는데 한국 여주 내 밭에다 내가 모든 것을 믿고 맡긴 사람들이 흙 백 트럭을 부었다. 그렇게 우선 땅을 돋웠다. 일주일 뒤에는 집터에다 철근을 넣어 콘크리트 부을 거푸집을 만든 사진이 왔다. 이제 정말 돌이킬 수 없이 일이 진행되고 있었다. 두려움인들 이제 어쩌랴. 상량식 때 천장에 올릴 대들보에다 쓸 글씨를 두고도 문자가 이리저리 오갔다. 쓰려는 글씨는 오래 두고 생각한 것이었다.

'爲如白위여백 爲後學위후학 爲詩위시'

'여백을 위하여'는 전통을 계승하겠다는 뜻도 있지만 이름 그대로 흰빛처럼 맑은 사람들을 위한 곳이라는 뜻을 담았다. '후학을 위하여'는 꼭 학자만이 아니라 생각을 하는 사람들, 배우려는 사람들을 다 염두에 둔 지칭이다. (평범한 고인을 위한 제문에도 '학생부군' 하지 않는가.) '시를 위하여'에서는 '시' 앞에다 처음에는 맑을 '청' 자를 넣을 생각을 했으나, 다시 생각하니 맑지 않다면 어차피 진짜 시도 아닐 테니 굳이 제한을 넣을 필요가 없다고 생각해서 세 글자씩 글자 수를 맞추지 않고 두 글자로 두었다.

한국에서는 여백서원 기초가 놓이고, 나는 독일에서 여백서원에 사람들이 오면 옷을 걸 큰 못 모양의 걸이를 샀다. 여백서원을 위한 첫 '시설물'이었다. 여럿이 오면 옷을 한 곳에 정돈해서 잘 걸 수 있어야 할 테니 그 용도로 만든 공간이 체계적이기도 해야 하고, 처음 옷을 벗어 거는 옷걸이가 좀 남다른 것도 처음 집에 들어선 사람들을 기분 좋게 할 것 같아 오래전부터 생각한 일이었다.

연초에 사흘 서울 다녀올 일이 있는데 그때 갈 때는 집이 없으니 여백서원을 위한 이런저런 것을 조금 들고 가고 싶었다. 새해가 되어 가게가 열리면, 오래전부터 봐두었지만 값 때문에 망설이기만 하던 전등도 사야지.

여백서원에서 열릴 모임 이름도 정해졌다. 집이 완공되면 완공식 때 온 사람들에게 작은 책갈피 정도의 안내장을 만들어 나눠주고 조금 비치도 해두려 한다. '벽난로 가에서 글 읽는 모임', '정자 마루에서 시 읽는 모임'이라는 제목이 붙은 안내장 말이다. 책갈피로 가지고 있도록 곱게 만들어야지.

모임은 우선 매월 마지막 토요일로 하고 당분간은 (내가 독일에 오갈) 12월과 1월, 6월과 7월은 빼기로 한다. 한 명이 오면 그이와 둘이서 글을 읽고, 아무도 못 오면 나 혼자 읽으면 되지. 행사가 있을 때는 청사초롱 비슷한 접이등을 켜두어야지.

장래의 나의 직업도 구체화되어 간다. '시 굽는 사람.' 우리 동네가 도자기 고을이라 흔한 흙을 편편하게 해서 시를 적어 구울 생각이다. 그렇게 내가 읽은 시들을 구워야지. 구워서 나누기도 해야지. 흙 굽는 것 어렵지 않다니. 그런 꿈들이 아직 사지도 못한 고운 등에 어린다.

카프카와
소정이의 악보

어느 해 문학이론 수업을 한 적이 있다. 추상적이 되기 쉬운 것이어서, 우선 짧은 카프카의 작품 〈법 앞에서〉를 하나 읽고, 학생들에게 첫인상을 쓰게 한 다음, 다시 꼼꼼히 읽고 글을 쓰게 하고 그 작품을 다양한 이론으로 분석한 해설들을 읽게 했다.

그러고 나서 학생들은 또 한 번 작품에 대해 글을 써보았다. 이번에는 당연히 분량이 제법 늘어났다. 그다음에는 학기 내내 그 다양한 이론들을 하나하나씩 심도 있게 점검하였다. 그리고 학기 말에 학생들은 다시 한 번 기말 보고서를 썼다. 짧은 한 작품을 그렇게 철저히 읽었으니, 그것에 대한 글을 네 번이나 써보는 참이니 보고서들도 본격적일 수밖에 없었다.

그런데 한 학생이 전혀 글을 내지 않았다. 다들 열심히 했지만 그중에서도 유난히 눈을 반짝이며 수업을 듣는 사람이었다. 청강하는 음대생인데, 음악과 문학에 대한 열정이 남다름을 곧바로 알 수 있었다. 이야기를 해보니 벌써 독일에 가서 음악 공부도 좀 하고 온 사람이었다.

그 학기에 독일 문화를 개관하는 다른 수업을 하나 하고 있었는데 마침 독일 음악 순서가 있었다. 좀 망설이다가, 원래 다른 음대 교수님께 부탁드릴 예정이던 그 시간 수업을 그 학생에게 일부 맡겨보았다. 훌륭하게 해냈다. 신통하고 고마워서 책정되어 있는 '강사료'를 조금 건네 보려 했으나, 기회를 준 것에 감사하며 자신이 가진 재주를 다 했을 뿐이라고 완강히 받지 않았다. 그래서 나 나름으로, 나도 나의 재주로 답례를 해보겠다고, 그 학생을 불러서 내 시를 좀 읽어주었다. 독일어로 쓰인 것들이었다.

학기 말쯤 그 학생이 커다란 악보 뭉치를 들고 찾아왔다. 수업시간에 글을 쓸 수 없었기 때문에, 글로는 다 표현을 할 수가 없었기 때문에, 그사이 글 대신 작곡을 했노라는 것이었다. 펼쳐본 방대한 악보에는, 카프카의 텍스트 전체를 — 이야기하듯이 — 기본으로 깔면서 선율 부분은 나의 시를 넣은 것이었다. 놀라웠다. 악보도 경이로움 그 자체인데 더 놀라운 이야기가 덧붙여졌다.

그사이 그 작품을 어디에 보내보았는데, 스위스 현대음악

제에서 네 명의 초청작가 중 하나로 선정되어 곧 그 작품이 베른에서 초연된다는 것이었다! 그런데 그 학생을 제외한 초청작가 세 명은 다 현대음악 부분에서 널리 알려진 그 분야의 대가들이었다. 얼마나 놀랍고 얼마나 기뻤는지.

안타깝게도 나는 베른에서 열린 초연에 갈 형편이 안 되었다. 기말 리포트 대신 들고 온 그 악보는 그 후로 나의 귀중품이 되었지만, 그것을 그냥 그렇게 들고 있는 것보다 좀 더 잘 보관하고 싶다는 생각이 간절했다.

내가 소정이에게 읽어준 시는 〈카프카 나의 카프카 Kafka, mein Kafka〉라는 묶음이었는데, 한글로 쓰였던 것을 기반으로 다시 독일어로 쓴 것이었다. 출판되지는 않은 것이었다. 독일 동료가 독일에서 출판을 하자고 해서 내가 망설이고 있던 참이었다. 그 즈음부터 글이 자꾸 독일어로 쓰였다. 그러나 독일에서 시를 출판한다는 것은 선뜻 좋아라 할 수 있는 일이 아니었다. 한낱 장기 자랑에 그칠 수 없는 일이었다. 독일에서 몇 편이든 시를 낸다는 것은 무언가 본격적인 시작일 텐데 나는 그만한 역량이 없었다.

나의 망설임을 안타깝게 여긴 동생이 시집의 배경이 되는 프라하로 달려가 필름 스물아홉 통의 사진을 찍어와 책 내는 데 쓰라고 내게 내밀었다. 그 큰 격려, 독려가 고마웠다. 결국 결심을 했다. 동생에 대한 고마움, 그리고 책이 된다면 소정이의 아름다운 악보를 거기에 함께 보관할 수 있지 않을까 싶은 것이 결심을 하게 한 큰 원인이었다. (이 책은 후에 독일 동료의 노력으로 베를린에서 나왔다.) 내 시는 조금이고, 안소정의 악보를 다 담고 CD도 첨부하였다.

다시 몇 년 뒤 독일 뮌헨 대학 앞, 거리의 카페에서 뮌헨 대학 교수 한 분과 차를 마시게 되었다. 어쩌다 이야기가 그 책에 미쳤다. 그 교수는 반기며, 자기가 마침 'Teaching Kafka'라는 주제로 베니스 국제대학에 가서 한 주일간 블록 세미나를 할 계획을 하고 있으니 함께 해보자는 것이었다.

뮌헨 대학 학생들과 함께, 또 나도 학생을 하나 데리고, 함께 기차를 타고 베니스에 닿았다. 베니스의 대운하와 그 끝에 놓인 리도 섬 사이에 자리한 아주 조그만 '산 세르벨로'라는 섬이 있다. 베니스 국제대학은 이 섬을 가득 채운 대학이다. 선착장이 대학 본관 입구이다.

대학이 섬 하나로 이루어졌는데, 유럽의 열다섯 개 정도의 대학들이 힘을 합쳐 만든 학교이다. 이 아름답고 작은 대학에는 정규수업뿐만 아니라, 온갖 블록 세미나를 하러 유럽 각지에서 온 대학생들이 있다. (베니스에는 관광객만 있는 게 아니다.) 거기서 일주일간, 아침밥을 함께 먹으면서 시작되는 공부는 때로는 밤 열한 시까지 이어졌다.

학생들의 흥미를 일깨우고 창의력을 한껏 고조시키려는 프로그램이 가득했다. 학생들은 ― 카프카를 소재로 ― 베니스 시내에 나가 촬영을 하다가 마지막 날 영화로 보고를 하기도 했다. 감각과 아이디어가 넘쳤다. 마침 대학을 방문한 고르바초프의 '환경 문제' 특강을 듣는 일도 있었고, '환경'을 테마로 베니스 건축 비엔날레가 열리고 있어 통통배를 타고 견학을 가기도 했다.

그중 한 저녁은 나의 낭독회를 위해 비워졌다. 나는 잠깐 선생을 버리고, 나의 시들을 읽었고, 안소정의 음악도 소개했다. 아름다운 시간이었다. 카프카와 나의 시와 사랑하는 제자의 음악이 한 공간에, 그사이 정들어버린 독일 젊은이들 사이에 공명으로 울리는 것을 체험하는 일은 각별했다.

뮌헨 대학 학생들은 떠날 때 베니스 곤돌라가 그려진 목각 조각과 베니스 가면을 내게 선물했다. 그 가면이 지금도 나의 서가에 놓여 있다. 그걸 보고 있노라면, 신비로운 카프카의 세계와 더불어 곤돌라를 스치는 베니스의 물결소리, 소정이의 음악이 함께 울려나오는 것 같다.

그때 베니스에 소정이를 초청하지 못해서 서운했는데, 캐나다로 가서 살고 있는 그녀를 한 번 만나기는 했다. 스위스 바젤의 한 음악교수 댁에서, 마침 그곳에 와 있는 그녀와 반갑게 재회했었다. 캐나다에서든 어디서든 여전히 그녀는 빛나는 눈으로 음악을 만들고 있을 것이다.

나의 시와 동생이 찍어준 사진과 안소정의 악보와 CD가 첨부된 책이 베를린에서 나왔다. 작은 한 권의 책이 그 많은 사연을 담고.

딸에게 마라톤을
시킨 어머니

내 연구실 문을 두드리는 사람들은 뭔가 용무가 있는 사람도 있지만, 대개는 오랜만에 들리는 제자들이라 여간 반갑지 않다. 때론 낯선 사람들이 문을 두드리기도 한다. 놀라운 사람일 때도 있다. 잊을 수 없이 기쁜 이야기도 있다.

언젠가 낯모를 여학생이 조심스럽게 들어섰다. 음악대학 생이라며 이름을 말했다. 그래도 여전히 얼굴도 이름도 낯설었다. 학생이 띄엄띄엄 아버지, 어머니, 외삼촌 성함을 차례로 말하였다. 그때야 아득한 기억이 30년 전 너머로부터 한 장의 그림처럼 선명하게 풀려나왔다. 그 여학생이 세상에 있기도 훨씬 전의 이야기이다.

고맙게도 내게 학교의 교양수업 하나가 배정되어 기초 독일어를 가르치던 때였다. 수업을 듣던 경영대 학생 하나가 주말에 잠깐 시간이 있느냐고 물었다. 그렇게 내가 주말에 멀리 어렵사리 찾아가서 잠깐 앉았던 변두리의 작은 음식점 구석방. 모인 사람은 나까지 모두 여섯. 그런데 약혼식이었다. 신랑 측에서는 부모님이 오셨으나 신부는 남동생이 하나 있을 뿐 그밖에는 더 올 사람이 세상에 하나도 없어서, 아직 30대 초반이었던 내가 혼주 자리를 메우며 거기 앉아 있었던 것이다.

그 자리에 가서 보니 남매는, 신부는 중학생이고 남동생은 아직 초등학교 학생이던 때, 세상천지에 둘만 달랑 남겨진 사람들이었다. 세상에 어떻게 살았을까. 무얼 먹고 살았을까. 체구가 몹시도 작은 여린 남동생이 내 수업을 듣는 학생이었다. 그 학생은 지방의 상업고등학교를 거쳐 대학에 왔다고 했다. 그 형편에 어떻게 모질게 공부를 하여 대학에, 그것도 서울대학교에 왔을까.

본인의 노력이 어떠한 것이었을지, 또 누나 자신의 성장이며 동생 뒷바라지가 어떠했을지 생각만 해도 가슴이 미어지고 만감이 오갔다. 변두리의 작은 한식집 구석방은 그 누나가 이제 배필을 만나 상대 쪽 부모님께 인사를 드리는 좋은 자리였다. 이제는 삶이 그 남매 편에 설 차례였다. 부디 그래달라고 나는 온 힘을 다 해서 말없이 빌었다.

그런데 이제 음악대학에 입학해서 내 방문을 두드린 그

의젓한 여학생이, 그때 그 신부의 딸이라는 것이었다. 얼마나 기쁘고 감사하던지. 그 존재 자체가 기쁨인 사람이었다. 그러나 입시를 위한 우리나라 음악 사교육의 실태가 어느 정도는 짐작이 되는지라, 대체 어떻게 공부를 해서 서울대학교 음악대학에 진학할 수 있었느냐고 조심스럽게 물어보았다. 그 댁 형편이 그 사이에 시류에 따른 음악교육을 시킬 만큼까지 좋아졌을까? 그렇다면야 물론 다행이지만, 조금 믿기지 않기도 했다.

서울의 한 외곽도시에서 자랐고, 지금도 거기서 살고 있다는 그 여학생의 대답이 놀라웠다.

"중학교 때부터 어머니께서 마라톤을 시키셨어요."

음악을 하고 싶어 하는 딸에게 마라톤이라니?! 내색은 안 했지만 무척 놀라운 이야기였다. 그러나 조금 후 그 자문에 대한 답이 스스로 짐작이 되었다.

남동생은 그래도 대학공부를 했지만 누나는 생활을 감당했을 것이다. 예향에서 태어난 이라 어쩌면 누나에게도 음악가의 꿈이 있었을지도 모른다. 그 무엇이든, 무참히 접어야 했던 꿈이 있었을 것이다. 이제 하나뿐인 자식이 음악을 하겠다고 했을 때 그 사무친 어머니가 무얼 할 수 있었을까. 시류에 따른 고액의 음악 사교육을 감당할 형편은 결코 아니었을 것이다.

더구나 어머니는 병이 깊어 누워 계시다고 했다. (아마도 고생이 조금 폈을 때부터였을 것이다. 내가 그 딸을 만난 얼마 후 돌아가셨다.)

자기처럼 음악을 하겠다는 딸에게, 머지않아 자기처럼 엄마 없이 살아야 할 딸에게, 내가 그 어머니라면 세상에 무얼 해주고 갈 수 있을까. 아무런 힘도 없는 엄마가 무얼 해주고 갈 수 있을까.

병 깊은 어머니가 딸에게 시킨 것이 그저 마라톤이었을 리 없다. 세상을 헤쳐갈 힘을 길러주고 싶었을 것이다. 이 험한 세상에서 딸이 어떻게든 스스로 튼튼한 두 다리로 서고, 세상을 헤쳐갈 수 있기를 바랐을 것이다. 무얼 하고 싶은 간절한 마음이야 사라질 리 없으니 길은 스스로 찾을 것이다.

음악공부를 구체적으로 어떻게 했는지는 딸에게 굳이 묻지 않았다. 차마 물을 수가 없었다. 어머니의 뜻을 헤아렸으니 마라톤도 했고, 어린 나이에 남다른 각오로 마라톤 하듯, 힘껏 자신의 길을 열어가며 달려오지 않았겠는가. 그렇지 않다면야 지금 여기 내 눈앞에 서 있을 리 없었다.

아무런 말도 할 수가 없어서 나는 그저 딸의 손을 꽉 쥐었을 뿐이지만, "어머니께서 마라톤을 시키셨어요." 그 한마디로 긴 세월에 대한 이야기를 다 들은 것 같았다.

그때 내 눈 앞에 서 있던 그 장한 딸은, 언제든 그저 생각만 해도 그 존재 자체가 내게는 기쁨의 선물 같다. 그 큰 기쁨

같은, 이름도 큰 대회를 다시 만난 일은 없다. 그러나 가끔씩 소식은 들린다. 빛나는 음악인으로 컸기 때문이다. 대학생 시절에 이미 세계로 연주 여행을 간다는 소식이 들리더니 이제는 역량 있는 연주가가 되어 세계를 누비고 있다. 무거운 콘트라베이스를, 아마도 가볍게 들고 다닐 것이다. 체구는 그리 크지 않지만 마라톤을 한 체력, 그리고 어머니의 간절한 기원과 자신의 큰 뜻이 그를 어디든 달려가게 할 것이다. 어느 높은 곳이든 날아오르게 할 것이다.

그 작고 여렸던 남동생이 세상을 어떻게 돌파해갔는지는 알고 있다. (그, 그리고 그가 만난 넉넉하고 고운 품성의 아내와 내가, 많은 소중한 추억 덕분으로 어느덧 가족처럼 되었기 때문이다.) 그는 한 분야의 독보적인 전문가가 되었다. 언젠가 잠시 그를 영입해 갔던 어느 작은 회사는 큰 전문가의 영입 덕에 회사 주가가 하루아침에 거의 갑절로 치솟는 일도 있었다. 어디서든 그는 거기에 없어서는 안 될 사람이다.

병 깊은 어머니가 딸에게 시킨 것이 그저 마라톤이었을 리 없다.
세상을 헤쳐갈 힘을 길러주고 싶었을 것이다.
이 험한 세상에서 딸이 어떻게든 스스로 튼튼한 두 다리로 서고,
세상을 헤쳐갈 수 있기를 바랐을 것이다.
무얼 하고 싶은 간절한 마음이야 사라질 리 없으니
길은 스스로 찾을 것이다.

그 침대

다시 독일에 와 있다고 내 선생님께 문안전화를 드리면서 니체 하우스에 머물게 됐다는 이야기를 했다. 선생님은, 내 친구 몬티네리도 거기 있었는데 그가 쓰던 침대를 쓸지도 모르겠네 하셨다. 방이 몇 개 없으니 그럴 수도 있다고 웃고 말았는데 이제 생각하니 몬티네리가, 선생님 친구라면 더더욱, 그 유명한 니체 전집 발행인 몬티네리이겠다는 생각이 들었다.

슬로터다익, 지젝, 아감벤…… 니체 하우스에 잠깐씩 살면서 책을 쓴 철학자들의 리스트에 안 그래도 풀이 좀 죽어 있었는데, 그 기죽는 명사의 리스트에 또 한 명이 추가되는구나 싶었다. 그러나 생각하지 못했다. 내가 바로 그들 누군가가 누웠던 침대에서 잠을 자고 있다는 건. 그런데 같은 잠을 자고 나는 무슨 글을 쓸까. 무슨 글을 쓸 수 있을까.

이렇게 황송했던 적이 한 번 더 있다. 독일어로 두 번째 연구서를 쓰던 여름, 질문이 너무 많은데 물어볼 사람이 없어서, 물어볼 만한 독문학자 내외분을 찾아갔다. 그야말로 쳐들어간 형국이 되었다. 빈 손님방이 있으니 언제든 한번 오라는 간곡하고 다정한 말을 듣기는 했었지만, 그렇게 쳐들어가서 한 달씩이나 그 집에서 살리라고는 나도, 그 다정한 내외도 미처 생각지 못했다. 집주인 내외가 몹시 바쁜 분들이라 곁에 있으면서 틈을 보아, 그야말로 치마꼬리를 잡고 하나씩 물어볼 참이었다. 그게 한 달을 끌었다. 한 여름을 온통 그 집에서 보내버린 것이다.

그 집 '빈 손님방'이 화근이었다. 3층인 그 집은 1층은 거실, 부엌, 식당 등이고 2층은 주인 내외의 거처가 있고 나는 3층으로 안내되었다. 손님방은 그저 '방'이 아니었다. 손님용 서재가 있고, 커다란 거실이 있고, 침실이 있고, 다 커서 집을 나간 아이 방도 언제든 찾아올 때 쓰도록 그대로 있었다. 서재만이 아니라 이 큰 3층의 공간이 온통 책으로 들어차고 (주인 내외의 서재는 아래층에 따로 있었다) 그밖에도 주인 내외가 평생 간직해온 온갖, 역사가 어린 자잘한, 그러나 소중한 물건들이 가득했다. (집주인의 근년의 연구 테마가 '사물'이다!)

버찌가 가득 달려 휘어진 벚나무 가지가 창문에 드리워진 침실이 내가 잠을 자는 방이었다. 손만 뻗치면 무르익은 굵은 버찌를 따먹을 수 있는, 잘 가꾸어진 마당에 하루 종일 한 번 내려갈 틈을 찾기 어렵도록 (그러나 한 주일에 한 번쯤은 내려가 마당에 지천으로 떨어져 발에 깔리는 버찌를 치우는 일은 도맡아했다) 그 집의 많은 책들을 허겁지겁 꺼내 보았다. 그러다가 마침내 너무도 지쳐서 그 방의 자그마한 침대에 몸을 누일 때면 얼마나 황송했던지.

내가 그 집에서 누리는 모든 것이 꿈같을뿐더러, 그 침대에서는 노벨상 수상자가 둘이나 자고 갔다고 했다. 귄터 그라스 Günter Grass와 헤르타 뮐러 Herta Müller가 다녀갔다는 것이다. 뮐러는 마침 그해의 노벨상 수상자였고, 그라스는 조금 더 앞서였다. 그 집에 가기 직전에 나는 마침 뮐러에 대한 글을 썼었다. 그때 머지않아 같은 침대에서 내가, 그것도 한 달이나 자리라고 어찌 생각했겠는가.

그이들에 비견할 글이야 내가 쓸 수 있었겠는가. 그러나 큰 학자인 주인 내외와 가끔씩 밥을 같이 먹고 차를 같이 마시며, 또 영리한 개 레오를 데리고 드넓은 벌판을 산책하며 나눈 이야기들, 또 그 침대에 누워서 했던 생각들은 오래도록 내 몸의 살이 된 것 같다. 그 덕분에 연구서도 잘 마무리할 수 있었고, 그 책뿐만 아니라 그 책의 후속편도 잘 마무리할 수 있었다. 무엇보다, 그것이 무엇인지는 아직도 잘 모르겠지만, 다른 사람들과도 나누어야 할 많은 것이 내 몸으로 들어온 것 같다.

여백서원 계획도 그 침대에 누워 무르익었다. 여백서원 부엌 뒤쪽에 짓고 싶은 작은 유리집, 누가 오면 그 안에서 여럿이 밥도 먹고 내가 시도 흙에 새겨 '구울' 유리집은 그 집 흉내를 낸 것이다. 집주인이 자신의 65세 생일 때 친구들이 선물해준 집이라 했다. 세상에 얼마나 베풀고 살았으면 그랬을까, 생일에 친구들이 그 아름다운 작은 유리성을 지어주었을까.

그 유리집에서, 첫 햇살을 받으며 먹는 아침이 얼마나 맛있었던지, 또 유리집에서 촛불 하나를 켜놓고 별빛 아래서 나눈 이야기들은 얼마나 정겹고 깊었던지. 가끔 무르익은 버찌가 가지 휘이도록 휘늘어져 있는 발코니에 차린 식탁은 또 얼마나 아름다웠던지.

나도 누군가에게 내가 거기서 누렸던 그런 한순간을 나누어주고 싶다. 아름다운 글로 더 많은 사람들과 무언가를 나눌 수 있으면 좋겠지만, 그만큼의 문재(文才)야 어찌 스스로에게서 바라고 기대하겠는가. 그런 발코니 대신 지금 여주에 짓고 있는 여백서원에는 정자마루가 들어설 것이다. 과일나무 한 그루도 그 곁에 심어야지. (아마도 누구나 나름으로 생활에 지쳐서 여기까지 찾아왔을) 귀한 손님이 손 내밀어 따도록. 앞으로 완성될 여백서원 정자마루에서는, 찾아오는 이들과 더불어, 아니 혼자라도, 시를 읽고 벽난로 가에서는 글을 읽겠다. 참으로 힘겹게 살긴 했으나 세상에서 받은 게 많은데 나도 무얼 해야 하지 않겠는가.

꼿꼿하신
내 시(詩)의 선생님

지난겨울 독일 바이마르에 있었는데 잠깐 예루살렘에 갈 일이 생겼다. 그런데 여주 내 작은 마을에 있는 물고기 잘 만드는 도예가가 물고기 한 마리를 독일 파사우로 전하고 싶어 했다. 마침 서울에서 이스탄불을 거쳐 예루살렘에 오는 사람이 있어 수송을 부탁했다. 우편으로 부칠 수 있는 물건이 아니었기 때문이다.

    예루살렘에서 도자기 물고기를 받아든 나도 일정이 복잡해서, 나중에 꼽아보니 그 물고기는 버스며 기차며 승용차 같은 것은 다 빼고 비행기 게이트만 여덟 개를 통과하여 독일 동남쪽 끝 파사우에 닿았다. 그렇게 구만 리를 떠돈 물고기를 안고, 지치고 지친 내가 심야기차를 타고 그걸 갖다드린 분은, 세상에서 만난 가장 꼿꼿하신 분이다. 그저 꼿꼿하기만 한 것이 아니라 가장 섬세하고 따뜻하고 가장 유머러스한 분이기도 하다. 내 시詩의 선생님이시다. 그렇게 먼 길 온 물고기를 안고 참 기뻐하셨다.

그걸 가지고 온 나에게도 무언가를 해주고 싶으셔서 온 하루를 다 내셨다. 정갈한 점심을 차려주시고, 앞으로 물고기가 있을, 그곳에 내가 지은 '시정'을 도나우 강 맞은편 언덕에서도 한 번 바라볼 수 있도록 오스트리아로 건너가서 비탈길에 차를 세우셨다.

차에서 내려 조금 가파른 숲길을 걸어 올랐다. 그런데 농담을 하시며 그때까지 앞장을 서시던 선생님은 백 미터정도밖에 못 걷고 차로 돌아가시고 사모님이 안내를 해주셨다. 당신은 못 가실 길을 나서며 쌍안경까지 준비해 오신 것은 나를 위해서였다. 그런데 나는 쌍안경을 목에 건 선생님께 철없이 아프리카 사파리 가시느냐고 놀렸다.

많이 쇠약해지셨구나 하고 느끼긴 했지만, 그렇게까지 거동이 부자유스러우리라고는 짐작 못했었다. 워낙 유머가 있으시고 꼿꼿하시기 때문이다. 워낙 그러시니까 여러 차례 척추 수술을 받으신 걸 잊게 된다. 눈가에 붙이신 피부암 관련 반창고도 자꾸 잊게 된다. 그 꼿꼿함과 더 늘어난 유머가 급속도로 저하되는 체력에 대한 당신만의 대응인 줄 그저 어렴풋이 짐작한다.

 평생을 찾아 헤맨 스승을 겨우 만났는데, 늘 몇 번이나 더 뵐 수 있을지 마음이 졸여진다. 그런데 4월 초의 일정을 우연히 보니 닷새 동안에만 독일의 네 도시에서 강연이 있으셨다. 낭독과 강연을 오페라나 연극을 능가할 강도로 준비하시는 분인 줄 아는 데다가, 그 네 도시가 각각 멀어서 운전을 2천 킬로미터는 하셔야 하는 거리였다. 행사가 4월 초뿐이겠는가. 어쩌나. 말릴 수 없는 일인 줄 안다. 당신의 시를 듣고 싶어 하는 독자들을, 이런저런 호의를 가진 사람들을 외면하지 못하시기 때문인 줄 알기 때문이다.

 전날 작별인사를 드리러 갔었건만, 선생님은 이튿날 아침에 내가 묵은 호텔로 오셔서 나 모르게 호텔비를 다 계산해놓으시고 볼일을 보시고는 다시 작별인사를 하러 들르셨다. "다음에 만날 때까지." 그 인사가 이제는 말을 하는 순간에조차 그 기약 없음에 쓸쓸해지는 것이 되고 말았다. 며칠 전, 물고기를 받아온 예루살렘에서 똑같은 인사를 들으면서 마음이 저린 일이 있었다.

 예루살렘에는 좋은 화가가, 거기서 조금 떨어진 작은 산골 마을에는 좋은 시인 부부가 살고 있었다. 구순이 되었건만 너무도 아름다운 시인이고 곱게 늙으신 그 노부부를 한 번만 더 뵙겠다는 것이 그곳에 간 큰 목적이었는데 그분들은 못 뵙고 왔다.

이제는 뵐 수 있는 상태가 아니라는 것이었다. 내가 보내드린, 그분을 다룬 한 챕터가 있는 내 연구서와 내 시집을 보고, 아직 정신이 있으실 때 몹시도 기뻐하셨다니 그걸로 위로를 삼는 수밖에 없었다.

예루살렘의 화가 친구 이본느는 또 다르게 마음을 아프게 했다. 열정 그 자체인 사람인데, 50세에 그림을 배우기 시작하여 70세까지 전시회를 스무 번 넘게 열었다. 내가 갔을 때도 전시회 준비를 앞두고 있어 그사이 새로 제작된 작품들을 내게 보여주었다. 왜 그렇게 목숨을 걸고 작품 하느냐고 한 번도 묻지 않았다. 짐작하기 때문이다. (직접 아우슈비츠를 겪지는 않았어도, 그 생존자를 부모로 하고 자라난 그다음 세대 역시 드리워진 그늘이 짙고, 맺힌 한도 많을 것이다. 얼마나 한이 많으면 저렇게 미친 듯 작업을 할까.)

지난번 보고 두어 해는 족히 지났으니 그사이에도 또 몇 차례는 전시회를 했을 텐데, 이번 전시회가 몇 번째냐고 묻지 못했다. 다만 더욱 깊어지고 더욱 절절해진 작품을 에이는 마음으로 바라보았다.

이본느는 두어 달 전 암 수술을 받았는데 수술을 받고도 병원에 하루밖에 있지 않았다고 했다. 그림 그려야 해서, 요즈음도 혼자서 운전을 해서 가서 방사선 치료를 받고 온다고 했다. 내가 이본느네 집에 간 그날도 치료를 받고 왔다고 했다. 러시아워에 운전이 힘들었다는 이야기만 했다. 그림 그리는

데 힘이 빠져서……라고 말끝을 조금 흐리기는 했다.

나를 위해서 저녁밥상을 여전히 예전처럼 지극정성으로 차려놓았다. 그토록 아픈 이가 차린 저녁밥상이 지성이어서 몸 둘 바 모르게 놀라웠고, 아틀리에에서 전시 준비를 기다리는 작품들의 높이와 깊이는 더더욱 놀라운 것이었다.

나는 그저 짐작했다. 그 모든 변함없는 '일상'이, 이 놀랍게 열정적인 친구가 상황을 버텨내는 유일한 방법이리라는 것을. 이본느도 헤어질 때 "다음에 만날 때까지" 했다.

'다음'이 있기를 간절히 바란다. 그러나 없을 수도 있는 그 '다음'을 우리는 묵묵한 일상의 삶으로 떠밀어간다. 어쩔 수 없이 생겨나는 공백 또한 그렇게 메워갈 것이다.

어째 내 주변 사람들이 죄다 그렇다. 아버지도, 어머니도 그러셨고, 얼마 전에 세상 뜬 친구도 그랬다. 좀 아프다 괴롭다 하며, 울기도 하며, 험한 모습을 보여 정을 좀 떼고 갈 일이지……. 끝까지 꼿꼿한 그들의 긴장이 안쓰러우면서도, 그 모습이 너무 아름다워서 오히려 내가 위로를 받는다.

바이마르로 돌아와 예루살렘으로 엽서를 썼다. 억장이 무너져, 길게 못 쓰고 그저 몇 마디를 썼다. '삶에 대한 너의 사랑이 우리를 살린다'고.

**억장이 무너져, 길게 못 쓰고 그저 몇 마디를 썼다.
'삶에 대한 너의 사랑이 우리를 살린다'고.**

존댓말의
힘

지난해 어느 여름날 저녁이었다. 서로 많이 다른 삶을 걸어온 세 사람이 체코와 오스트리아 접경 어름의 캄캄한 언덕에 어정쩡 앉아 있었다. 그중 하나가 두 사람을 끌고 마냥 차를 달려 그 외진 산중의 언덕까지 간 것이었다. 그는 먼 길을 온 둘에게 자기가 사는 자그마한, 그러나 그림같이 아름다운 도시를 세세히 구경시켜주고 그걸로 성이 차질 않아서, 좀 더 좋은 것을 보여주고 싶어 했다.

그날 중으로 또 먼 길을 돌아가야 할 두 사람을 끌고 거기까지 간 목적은, 그 언덕에서 바라다 보이는 알프스 연봉의 장관을 보여주겠다는 것이었다. 그러나 이미 어둠이 내렸고, 내린 어둠은 너무도 짙어서 그 아름다운 '장관'은 짐작조차 안 되었다.

그 지역에 오래 사신 분인데, 그곳에 닿을 때쯤이면 어둠이 내릴 시각이라는 것을 모를 리는 없었고, 그럼에도 마지막 밝음이 귀한 자기 손님들을 위해서 평소보다 조금 더 머물러 줄 것을 바라면서 달려간 것이었다.

민망해하는 그분께, 알프스 연봉을 바라본 것이나 다름없다고 고맙다고 말씀드렸다. 그러나 그 보지 못한 캄캄한 어둠 속의 알프스의 모습이, 이런저런 기회에 내가 이미 본 알프스의 경치들보다 훨씬 더 깊이 마음속에 남아 있다. 그 성의가 고마웠기 때문이리라.

그분, 김창수 선생은 사실 나는 잘 모르는 분이고, 내 동생과 가끔씩 연락이 있는 분이다. 도나우 강변의 파사우에 작은 한옥 정자를 지을 때도 그분은 일하시는 분들 드리라고 그곳에서는 여간 귀하지 않은 한국 소주를 싸들고 찾아오셨다. 또 그 몇 해 전 여든이 훨씬 넘은 내 아버지가 프라하에 가셨을 때도, 극진한 대접을 하셨다.

작년 여름에 또 파사우에 갈 일이 있었고, 동생도 거기로 왔는데, 마침 하루가 비었다. 그 귀한 하루에 무얼 할까 하다가 마침 차편도 있기에 우리는 그분을 한 번 찾아뵙기로 했다. 그분은 오래 프라하에 사시다가 근년에 크루마우(체코어로 체스키 크롬로프)로 옮겨 사시고 있었다.

내가 크루마우에 가보고 싶었던 또 하나의 이유는 표현주의 작가 에곤 쉴레 때문이었다. 쉴레는 독특한 누드화로 잘 알려져 있지만, 그가 그린 오밀조밀하기 이를 데 없는 물가 마을의 풍경은 너무도 사람의 마음을 끈다. 강물에 동그랗게 휘감긴 그림 속의 마을이 크루마우인 줄 알기에 예전부터 한번 가보고 싶었다. 그러나 시간도 없었거니와 작은 곳이라 차 없이는 교통편이 복잡해서 엄두가 나지 않았다.

크루마우에 계신 그분께 미리 연락을 드리지는 않았다. 연락 드리면 그분이 만사를 제치고 우리를 위해 시간을 내고 또 갖가지 준비를 하실 테니 작폐가 너무 클 것 같고, 우리로서는 낼 수 있는 날이 그날밖에 없었다. 그래서 현지에 가서 전화나 한번 드려보자 하고 갔다.

가서 전화를 드려보았더니 마침 프라하에 가 계시다면서 몹시 애석해하셨다. 우리끼리 작은 도시를 구경하고, 작은 광장에 면한 식당의 노천 테이블에 앉아 밥을 좀 먹고 있는데, 세상에 그분이 어느 새 거기에 나타나셨다. 전화 받고 나서 프라하에서 곧바로 달려오신 것이다. 어느새 음식값을 계산하시고는 함께 성에 올라 성을 보고, 내려다보이는 오밀조밀한 시내의 아름다운 모습을 보고, 성 안의 콘서트홀도 가리켜 보여주셨다.

김 선생님은 그곳의 오케스트라를 이끄시는, 또 프라하에서도 오케스트라를 이끄시는 큰 음악인이다. 그런데 음악인이 어디선들 치부를 하겠는가. 생활 수단으로 프라하에서 한국인 민박집을 운영하셨다. 동생이 프라하에 갔을 때 그 댁에서 묵었다. 동생에게나 다른 여행객들에게나 그분은 민박집 주인아저씨였다. 여행객들이 민박집 주인에게 할 말이야 뻔하다. "방 있어요, 얼마예요, 거기 어떻게 가요, 아저씨 화장실 어디 있어요, 밥 언제 먹어요" 정도 아니겠는가.

그런데 내 동생은 달랐을 것이다. 참 정중한 사람이기 때문이다. 나는 어려서부터 일찍 집을 나와 내 멋대로 살다 보니, 또 허겁지겁 살다 보니, 모든 게 제멋대로이지만, 동생은 나와는 달리 선비 집안의 범절이 몸에 밴 사람이다. 그 민박집에 있는 며칠 동안 동생은 밥만 먹고 잠만 잔 것이 아니라 민박집 주인을 친구로 얻었다. 내가 짐작하건대 주인으로서 때로는 무례할 수도 있는 수많은 여행객들을 대하다가 내 동생같이 정중함이 몸에 밴 사람을 만난 것이 각별했을 것이다. 그때 동생은, 내 시집을 위한 사진을 찍으려고 프라하에 있었다.

나중에는 아버지께서, 내가 쓰고 동생이 사진을 찍은 책이 독일에서 나온 것이 너무 좋으셔서, 그 여든이 넘은 노인이 작은 배낭을 하나 지고 프라하로 가셨다. 그 사진 찍은 곳들을 보고 싶으시다고. 그때도 김 선생님 댁에 머물렀는데, 정말이지 극진한 대접을 받으셨다. 얼마나 고마운지 나는 그분이 평생의 은인 같기만 하다.

작은 감사의 표시로 식사나 한번 대접하려 했는데 또 대접만 잔뜩 받고 돌아왔다. 나중에 그저 보지 못한 알프스의 아름다움을 결코 잊지 않겠노라고 전화만 한 번 드렸다. 정중한 동생의 덕을 나까지 계속 보고 있는 것이다.

사람들은 어차피 만나고 갖가지 이유로 만나지만, 몸에 배인 정중함, 존댓말이 남기는 인상은 깊고 그렇게 맺어지는 인간관계는 이렇듯 유독 각별한 것 같다.

아이들이 어렸을 적, 말을 배울 때 나는 아이들에게 무조건 존댓말을 했다. 중요한 이야기를 할 때는 아이들의 눈높이로까지 나의 키를 낮추어서 말이다. 아이들이 내게 무척이나 귀했던 것도 한 이유이겠지만, 아이들 말은 어차피 아이들과 어울리면 배울 테니 존댓말을 배우는 편이 실리가 있을 것 같아서였다.

그러다 보니 아이들에게 정말 득이 많았다. 어른도 온통 반말인 세상에서 가까스로 말을 하는 아이가 하는 깍듯한 존댓말은 깊은 인상을 주게 마련이라, 누구든 아이 말을 그만큼 더 관심을 가지고 들었다. 게다가 아이는 전통 어휘들이 익숙해져버려서, 책을 읽게 되었을 때는 옛날 책까지 잘 읽었다.

딸아이가 초등학교 2학년 때는 홍명희의 《임꺽정》에 빠져 있었다. 아홉 권이나 되는, 어른에게도 버거운 그 책을 어찌나 여러 번 읽었는지, 웃지 못할 일도 많다. 어느 날, 아파트 상가에서 어떤 가게 주인이 작은 아이 — 딸아이는 유난히 키가 작았다 — 에게 너 몇 살이냐고 물었다. 그랬더니 아이가 온갖 얌전을 다 떨며 "춘추 방년 9세여요" 하는 것이었다. 제 딴에는 정중함을 다해서 대답한 것이다. 그 말을 들은 사람들은 그야말로 다 뒤집어졌다. 10년, 20년이 지나고도 그 상가에 가면 묻는 사람이 있다. "그 춘추 방년 9세 잘 있어요?"

훗날 아이가 가진 고전이나 문학에 대한 지식뿐만 아니라, 사회의식, 올곧음 같은 것도, 그런 전통문학까지 포괄하는 독서에 크게 힘입은 것이었다. 사회를 헤쳐가는 데도 그 독서와 존댓말, 존댓말에 담긴 사람들에 대한 성의가 무엇보다 스스로에게 도움이 되었을 것이다.

남의 나라에 많이 와 있는 내가, 때로는 과분한 대접을 받는 이유도 돌아보니 정중한 말의 힘이 아닌가 싶다. 독일어에 우리 같은 존댓말 어미야 없지만, 정중한 말이 없는 언어가 어디 있겠는가. 남의 형편을 우선 살피고 하는 말이 많고, 일단, 하루 종일 가장 많이 쓰는 어휘는 가만히 돌아보니 "감사합니다"이다. 여기는 그런 사람이 상당히 많아 내가 배운 것 같다.

화가가
못 되었다

벌써 여러 해 전 어느 청소년 문학상 시상식 자리에서 있었던 일은 아직도 새롭고, 가끔씩은 사람들에게 이야기하기까지 한다.

〈시와 시학〉지 주최의 청소년 문학상 시상식이 끝난 뒷자리에서였는데, 그 상을 받은 신통한 남학생이 나에게 다가와서 "전영애 선생님이시죠?" 하고 말을 걸었다. 놀라서 그렇다고 했더니 "어머니가 선생님 동창이신데, 선생님 말씀을 많이 하셨어요" 했다.

동창의 아들이라니 더욱 신통해서 그 환한 얼굴을 쳐다보는데 그 친구가 한마디를 덧붙였다. "어머니께서 그러셨어요.

전영애는 화가가 될 줄 알았더니 시인이 되었고, 나는 시인이 되고 싶었는데 화가가 되었다고요."

그 의젓한 학생의 존재도 그렇지만, 그 친구가 한 말은 참으로 놀라운 말이었다! 얼마나 놀랐던지. 그때 나는 50을 바라보는 나이였는데, 그때까지 그림과 내가 연관되어 이야기되는 것을 한 번도 들어본 적이 없었다. 당연하기도 했다. 그림 그리는 사람이 아니니 그럴밖에.

그러나 아득한 학생 시절에는 그림을 그리고 싶다는 남모르는 꿈이 있었다. 중학교 3학년 어느 가을날을 아직도 선명히 기억한다. 다니던 학교 교정의 스탠드에 앉아 하늘을 보는데 그 하늘의 연푸른 갈맷빛이 얼마나 아름답던지, 그 빛깔에 이끌려 한정 없이 바라보다가 화가가 되겠다는 결심이 아니라 그만 그 반대 결심을 해버렸다. 내가 제 아무리 노력한들 저 빛깔은 결코 그려내지 못할 것 같아서였다.

그 푸른 하늘 아래서 나는 화가의 꿈을 접었다. 그 누구에게도 말해본 적 없는 꿈이었다. 마침 친구들이 그림을 참 잘 그리는 사람들이었고, 좋은 환경에서 교육받아 그리는 그 애들의 그림은 그야말로 '프로'였다. 나는 늘 기가 죽어, 감탄으로 바라보기만 했다. (나는 시골에서 올라와 혼자 사는, 전후좌우를 모르는 촌아이였다. 다들 공주님 같은 친구들 앞에서 겨울이면 자주, 하숙집 마당 수돗물에 세수하고 빨래를 하느라 한껏 튼 손이 부끄러워 감추곤 했다. 세상에 핸드크림이라는 것이 있는 줄도 몰랐다.)

내가 그림을 좀 그린다고는 꿈에도 생각할 수 없었다. 내게 그렇다고 말한 사람도 아무도 없었다. 선생님의 칭찬을 들어본 적도 없고, 친구들이 지나가는 말로라도 잘 그렸다고 말한 적도 없었다. 한 번만 그런 이야기를 들었더라면……. 그런데 "전영애는 화가가 될 줄 알았더니"라니!

나중에 마침 동창들을 만나는 드문 자리가 있어서, 내가 친구들 재미있으라고 그 신통한 학생을 만난 이야기와 그 학생의 말을 전했다. 그랬더니 그 자리에 있던 친구들이 이러는 것이었다.

"왜 너 그림 잘 그렸잖아."

"그럼!" 하는 말도 연이어졌다. 나는 기가 막혀서, 그러나 이제는 나이도 든 터라 무슨 상처받거나 그러지는 않고 모처럼 여유 있는 대꾸를 했다.

"그랬니? 그럼 그때 왜 그 말 안 했어!? 그런 말 들었으면 내가 화가가 되었지."

당연한 일을 뭣 하러 굳이 이야기까지 하겠나, 뭐 대략 그런 것이 이제 나이 든 친구들의 대답이었다.

정말이지 단 한 번만, 너 그림 잘 그린다는 소리를 들었더라면 나는 그 길을 달려갔을 것이다. 어쩌면 죽는지 사는지도 모르면서라도 갔을 것 같다. 어정쩡하게 글 읽고 쓰는 사람이 되어가면서 내가, 식은땀 진땀 묻혀서 버린 그 산더미 같은 종이들에다 글 대신 그림을 그렸더라면, 그만큼 그렸더라면 나는 혹시 이제쯤은 바로 그 갈맷빛은 아니어도 그 엇비슷한 빛깔은 낼 수 있지 않았을까.(나는 늘, 죽으면 종이죽 지옥에 갈 거라고 생각하고 말한다. 나무들에 지은 죄가 너무 많아서. 내가 그렇게나 아끼는 종이를 그렇게나 많이 썼으니, 나는 지옥 가서 그 식은땀 진땀 묻은 종이들의 늪 속에 탄탈로스처럼 목말라 하며 서 있는 벌을 받을 거라고 말이다. 정말 그럴 것 같다.)

화가의 길을 못 간 탓이겠지만, 그림을 그렇게 그렸더라면 이제쯤 그 엇비슷한 빛깔은 낼 수 있지 않았을까 하는 그 생각이 자주 난다. 그 종이를 다 쓰고도, 그 갈맷빛에 가까운 글은 영 못 쓸 것 같아서이다.

그러나 화가의 길을 갔더라도 건너다 보이는 가지 않는 길이 조금 더 수월하고 아름다워 보였을 것이다. 가는 길이 험해 보이는 것은 어쩌면 지금 어딘가로 오르고 있는 중이기 때문인지도 모른다.

오작교 자리
내 자리

근년 방학에는 아주 프라이부르크 대학에 가서 근무를 했지만, 그 이전에도 방학 동안에는 잠깐씩 독일에 다녀왔다. 아니, 독일 대학 도서관에 앉아 있었다. 필요한 자료 구하기가 쉽지 않은 데다 차분히 앉아 책 읽을 시간을 내기는 더욱 어려운 것이 현실이라 온갖 무리를 무릅쓰면서도 떠나곤 했다. 프라이부르크 이전에는 한 10년쯤 주로 뮌헨 대학에 갔다.

    뮌헨에 가면 도서관 창가 내 자리에 다시 앉았고, 저녁이 되면 사두었던 작은 스탠드를 켰다. 도서관 사서들이 반겨주었고, 이따금씩 아는 얼굴들이 책을 찾으러 왔다가는 다정한 인사를 건네기도 했다. 다시 켜진 불빛을 보고 일부러 찾아 올라오는 사람도 있다. 낯선 곳에 내 자리 하나가 고스란히 남아 있다는 것이 뭉클했다. 그 자리를 위해서 내가 한 일이라고는 그저 앉아 있는 것뿐이었는데 말이다.

몸담고 있는 관악의 내 자리는 어디일까 생각해본다. 늘 조금 두려워하며 또 조금 설레며 들어서는 강의실들, 늘 어수선하다가도 저녁이면 고즈넉해지는 연구실, 낮에 잠깐 피신 가기도 하는 작은 학과도서실, 산 능선을 바라보며 서 있게 되는 작은 발코니, 이따금씩 커피잔을 들고 그 가에 앉아보는 작은 연못 자하연…….

꼽다보니 많다. 어딘가에서는 누군가와 이야기를 나눴고, 어딘가에서는 무얼 읽었고, 또 어딘가에서는 뭔가 간절한 생각을 했고. 그런 이유로 소중해진 곳들이 어느새 다 내 자리가 되어 있다. 푸코의 말마따나 이 세상에서 자리 하나 만드는 일은 우리 시대의 개인에게 중요한 과제가 되어 있는데 '나는 참 부자로구나' 하는 생각이 든다.

물론 지워지는 자리도 많다. 언젠가 개학이 되어 돌아와 보니 자하연의 오작교가 사라졌다. 워낙 못생긴 다리라 저것 좀 어떻게 할 수 없나 하는 생각도 했는데, 경관은 훨씬 나아졌건만 막상 없어지고 보니 서운한 마음이 든다.

학교를 안내해야 할 손님이 있을 때는 늘 자하연 앞에서 조금 지체를 했었다. 이야깃거리가 있었기 때문이다. 저래 봬도 이름이 오작교烏鵲橋인데 사실은 잘못 지은, 오작誤作의 다리라는 뜻을 애교 있게 담은 것이라고 설명을 시작한다.

그러자면 외국 손님일 경우 견우직녀, 칠월칠석 이야기부터 먼저 해야 했고 때로는 골프장이 국립대학 종합 캠퍼스로 변한 사연, 학교도 날림으로 급히 지을 수밖에 없었던 그때 우리네 형편, 대학생들이 시내로 곧장 들어가 시위 벌이지 못하게 지하철역이 멀리 지어졌다던 한 시대의 어두운 역사까지 나가기도 했지만, 어떤 경우든 이야기는 늘 웃음으로 끝났다. 오작교 이야기는, 꼭 처녀 총각이 지나가면 무너진다는 저 오작교誤作橋가 아직도 저렇게 무사하다는 것으로 마무리 되게 마련이었기 때문이다.

초라한 현실에다 우리가 입혔던 신화의 옷, 작은 신화 하나가 사라졌다. 그래도 봄이 되면 자하연 물가에는 어김없이 벚꽃이 만발하고, 그 꽃이 지면서 봄날의 수면은 또 며칠간 천상의 카펫으로 변하고, 그다음에는 노란 붓꽃도 필 것이다. 그사이 몇 차례 연못물을 뺐는데도 견뎠다면 말이다.

세 무더기 중 맨 안쪽 자그마한 붓꽃 무더기는, 몹시 아파서 오래 누워 있는 주연이가 다시 학교에 오게 되면 보여주어야 한다. 잠시 몸이 회복되었을 때 주연이가 아직도 아픈 다리로 들고 온 무거운 화분을 함께 물가에 내다 심은 것이기 때문이다. 이 작은 물가에 갖가지 기억이 서려 있는 사람이 어디 나뿐이겠는가.

자하연 주위가 다시 왁자해졌다. 저기에 언젠가 오작교

가 걸려 있었다는 것을 알 리 없는 신입생들까지 더해져서 북적인다. 많은 이야기들이 쌓이고 있을 것이다. 저 많은 사람들 하나하나가 캠퍼스에다 그렇게 만들어가고 있는 자기 자리들. 그럼으로써 이 캠퍼스가 소중해지고 자신 또한 소중해질 것이다. 젊은 날 몸담은 곳이 소중해지고, 그런 젊은 날을 품고 있는 자기도 소중해지는, 그런 자리가 어디일까 생각해 본다.

눈에 힘!
주고

지난여름 모처럼 틈이 나서 흩어져 있는 글들을 조금 정리했다. 몇 편의 시가, 글의 완성도와는 상관없이 눈에 와 닿았다. 그런 시가 쓰이던 한 시절을 아이들을 키우며 힘겹게 살았다. 그러나 아이들로 해서 사는 힘을 얻었던 시절이기도 하다.

눈에 힘! 주고

작은 청거북 두 마리 우리 집에 온 날
동생 생긴 꼬마시인 세인이는
세구 세꺽정 세틀러 두루 고민 끝에

세아롱 세다롱이로 이름부터 지어놓고
한정 없이 붙어 앉아 들여다본다

오빠도 와서 볼라치면
질색하고 밀쳐낸다
오빠처럼 눈에 힘주고 보면
아기거북이들
— 아프다고.

(아직 여린 거북 목이 가만히 움츠러든다)

어느 세 살배기의 세상

세 살배기 세인이의 논리:
"나쁜 사람은 도둑놈이라고 그래."

그래 놓고 한참을
(......................)
골똘히 생각한 끝에
세 살배기 세인이가 내리는 결론:
"도둑놈은 껌을 씹다가
애패! 안 하고 막 삼켜."

나의 눈이, 우리의 눈이

오빠 선물을 사러 서점엘 갔는데
오빠 좋아하는 컴퓨터 월간지
아직 안 나왔다고
오빠 좋아하는 만화를
사면 안 되겠느냐고
멀리 물어보러 뛰어와서는
만화책은 안 된다고 말려도
오빠 좋아하는 것을 사겠다고 사정사정
반승낙을 받고는
나폴나폴 되달려가는
딸
나폴나폴, 그애가 내
눈 속으로 뛰어든다
암순응이 벅찬 눈으로
뛰어드는
빛덩이 ― 눈이 아프다

저 아름다운 영상을 담고도
감길 수 있는 것일까, 나의 눈이

아이가 둘이나 있고 지금은 다 컸지만, 참 어렵게 아이들을 얻었다. 둘 다 수없이 병원을 드나들며 수없이 유산을 하며 어렵사리 얻었다. 살다보니 그렇게 어렵게 얻은 아이를, 두 달밖에 안 된 아이를, 버려두고 어딘가 멀리로 가야 하는 사연까지 있었다. 그런 고비가 지나고도 오직 혼자 손에 — 요즘도 턱없이 부족하지만, 그때는 탁아시설이라는 개념조차 없던 시절이었다 — 아이들을 키우며 공부하며 직장까지 다닌다는 것은 만만치 않은 일이었다. 어떻게 살았을까 싶다.

아니다. 그런 말 하면 안 될 것 같다. 아이들 덕분에 살았다. 아이들에게서 얼마나 힘을 얻었던가. 온갖 어려움을 이겨낼 수 있었다. 언제나 준 것보다는 받은 것이 많았다. 아이들이 갓난쟁이로 누워만 있을 때부터도 그랬다.

어느 부모인들 그렇지 않으랴마는 아이들이 너무도 소중해서, 나는 그 애들이 있는데 무얼 더 바라면 안 될 것 같았다. 아이들에게 무얼 가르치지는 못했다. 그 아이들의 인생에 내가 개입을 해서, 그 아이들에게서 저절로 우러나오는 것 이상으로 뭔가를 해줄 자신이 없었다. 언제든 어렵지만 기다려주었다. 기다리면 아이들에게서 나오는 것은 눈부셨다. 스스로 무얼 깨우쳐가는 것뿐만 아니라 가르친 적도 없는 남에 대한 배려가 비쳐 나올 때면 경이로웠다. 겨우 걷고 말을 하는 아이가, 엄마와 함께 놀고 싶은 마음을 억누르고, "엄마 공부해……"라며 방문을 닫아주고 나가는 모습을 볼 때면 고마움과 죄의식이 얽혀 마음이 미어졌다.

사리분별은 가르쳤다. 임기응변으로 얼버무린 일은 없다. 넘어지거나 어디에 부딪쳐 울면, 문지방이니 벽을 때리며 그 탓을 하거나 하는 일은 하지 않았다. 가만히 안아 달래주긴 했지만, 울음이 그친 다음에는 부딪치면 이렇게 아프니, 우리 앞으로는 조심하자고 차근히 이야기 해주었다. 하면 안 되는 것이 있다는 것도 가르쳤다. 거짓말은, 그 어떤 경우든 내 자신이 하지 않았다. 내 아이들이 그런 걸 배워서, 목전의 작은 이득을 챙기거나 자신을 조금 돋보이게 하기 위하여 꼼수를 쓰는 구차한 인간이 되길 바라지 않았기 때문이다. 아이들이 자라면서는 조금씩 집안일도 나누어 맡겼다.

틈나는 대로 동네 아이들이 언제든 놀러 올 수 있도록, 무엇보다 내 아이들이 열쇠를 간수 못해 잠긴 문 앞에 서 있지 않도록, 현관문을 열어두었다. (집에 있는 것이라고는 책뿐이어서 설령 도둑이 들어온다 해도 가지고 갈 게 없었다.) 학원들 오가다가 틈나는 아이들이 잠깐씩 와서 놀고 가고, 심심한 내 아이들은 파트너를 바꾸어가며 종일 놀았다. 그 애들은 어려서는 놀이를 함께 하고 크면서는 함께 책을 읽었다. 다들 커서 온 세계로 흩어질 때까지 말이다.

아이를 나 혼자 기른다는 생각은 애초에 없었다. 어차피 세상에서 살 것이기도 하지만 당장 있으나마나한 어미 대신, 주변 사람들이 내 아이를 한번이라도 아끼는 눈길로 보아주길 바랐다. 나도 이웃아이들에게 그렇게 했다. 늘 문이 열려 있다 보니 가끔씩은, 냉장고 안에는 이웃이 넣어두고 간 김치나 다른 반찬이 들어 있기도 했다. 헌 신발이나 옷가지가 현관문 안에 놓여 있기도 했다. 얼마나 고마웠던지. 내 아이들이 어디선가, 아프거나 슬퍼서 어쩔 줄 모르고 있을 때, 그분들이 왜 그러느냐고 물어주셨을 것이다. 내 아이들은, 절절 매며 시간을 쪼개 쓴 어미가 아니라, 그분들이 키워주신 것 같다.

사랑이
우리를 살린다

반 뼘을 둔
셈질

한창 공부할 나이에는 집에 쭈그리고만 앉았다가 나이 들고 형편이 조금은 나아졌을 때, 나는 배울 기회만 있으면 정말이지 앞뒤 가리지 않고 어디든 달려갔다. 글자 그대로 지구 끝까지도 가곤 했다. 학회에 가면 관심이 비슷한 사람들이 오기 때문에 쌓였던 질문을 털어놓고 이야기할 기회도 많았기 때문이다.

그러다 보니 차츰 불러주는 곳들도 생기고, 여전히 찾아가는 곳도 있고 해서 어느덧 출입국 시에 찍어주는 도장으로 여권 세 개가 빼곡히 다 차 얼마 전 네 번째 여권을 받았다. 그만큼 다니면서 큰 사고 안 난 것만도 여간 감사한 일이 아니다.

감사할 게 그뿐이랴. 얼마나 많은 것을 배우고 얼마나 많은 사람들을 만났는지.

번번이 무리해서 떠나기 때문에 비행기 안에 앉으면 숨 고를 사이도 없이 일거리를 펴게 된다. 떠날 때는 비행기에서 내리자마자 발표장으로 달려가야 할 상황이 대부분이고, 돌아올 때는 벅찬 경험이었던 지난 며칠을 기록한다. 구두로 발표한 논문도 논문집 게재용으로 수정해야 할 곳이 많이 생기게 마련이다. 그래서 비행기 안에서는 쉬지 않고 일을 하게 된다. 그저 타는 것만으로도 고단하다고들 하는 장거리 비행이 나로서는 오롯이 내 일에 전념할 드문 기회이기도 하다. 집이나 학교에서는 얼마나 많은 잡사에 이리저리 마음과 생각이 흩어지는가.

그렇게 수십 년을 다니다 보니 비행기 안에서 겪은 일들만으로도 책 한 권은 족히 쓸 만큼 이야기가 쌓였다. 가끔은 흐뭇한 장면도 보지만 장거리 비행의 고단함에서 비롯된 크고 작은 아름답지 못한 광경을 더 많이 보게 된다. 싸움이 벌어지는 것도 보고 갖가지 추태가 벌어져 부끄러움과 민망함에 내가 몸 둘 바를 모르는 때도 있다. 머리를 스쳐가는 그 많은 일들 중에서, 어쩌면 아무것도 아닌 것처럼 보일 수 있는 아주 작은 일 하나가 마음 아프게 기억에 남아 있다.

언젠가 비행기에서 주는 식사를 마치고 난 후의 일이다. 대부분의 승객들이 의자 등받이를 한껏 뒤로 젖히고 앉아 앞좌석에 붙은 화면에서 나오는 영화를 보거나 잠을 잔다. 떠날 때든 돌아올 때든 누구나 빠듯한 일정에서 달려왔을 테니 고단할 것이고 비행기 좌석 사이는 좁으니 불편할 수밖에 없다. 좌석 사이를 넓힐 수는 없으니 등받이라도 최대한 뒤로 젖힌다. 뒷사람도 똑같은 자세여서 좌석들이 평행으로 비스듬하면 별 문제가 없겠으나, 뒷좌석에 앉은 사람의 사정은 다를 수도 있다. 그러다 보니 거기서부터 시비가 비롯되기도 한다.

 나같이 남들처럼 느긋이 뒤로 누워 영화를 보거나 잠을 잘 수 없는 사람의 형편은 상당히 옹색하다. 대개는 앞좌석에 붙은, 혹은 의자 팔걸이에서 꺼낸 작은 식판에다 책과 원고를 놓고 일을 해야 한다. 그런데 앞좌석 의자가 완전히 뒤로 젖혀지면 그 앞좌석 등받이는, 똑바로 앉은 내 이마를 사정없이 누른다. 좁은 식판에 놓인 책과 원고에 드리워진 내 머리 그림자를 피하기도 여간 어렵지 않다. 그래도 어쩌나. 그렇게 앞좌석 등받이에 꼼짝없이 이마를 박은 채, 그림자를 피하려 책을 좌우로 밀어가며 볼 수밖에 없다. 내내 그렇게 이마가 눌린 희화적인 모습으로 일을 하게 되는 경우도 자주 있다.

 한번은 앞좌석에 앉은 분에게 사정을 설명하고 등받이를 아주 조금만, 내 이마가 등받이에서 떨어질 수 있을 만큼만 앞으로 당겨달라고 정중하게 부탁을 했다. 그분은 고맙게도 등받이를 조금 앞으로 당겨주셨다. 한 뼘도 안 되는 공간, 반 뼘쯤의 공간이지만 이마를 등받이에 박는 것과는 비교할 수 없는 여유라 감사한 마음으로, 한결 능률적으로 일을 했다. 그런데 한껏 뒤로 젖힌 등받이에 몸을 기대고 영화를 보고 있던 바로 내 옆자리 분이 나의 '부유함'을 주목하게 되었다. 그분이 앞좌석에다 대고 불쑥 "등받이 좀 세워주세요!" 했다. (명령조는 아니어도, 정중하다고 할 수도 없는 부탁이었다.)

그 앞좌석 분은 못 들은 척 꼼짝도 하지 않았다. 내가 공연히 민망하고 미안했다. 그런데 조금 지나서였다. 조금 앞으로 당겨졌던 내 앞좌석의 등받이가 다시 덜커덕 내 이마를 때리는 것이었다. 깜짝 놀랐다. 나는 다시 꼼짝없이 앞좌석 등받이에 이마를 박은 채 일을 할 수밖에 없게 되었고, 그렇게 인천까지 왔다. 불편함도 불편함이지만 슬퍼서 자주 눈앞이 흐려졌다. 좁은 좌석에 앉은 네 사람의 마음을 오간 생각들이 너무도 선명하게 들여다보여서였다.

내 앞사람은 정중한 부탁에 응했다. 내 옆사람은 내가 말 한마디로 이득을 보니 자기도 놓칠세라 당연한 듯 부탁을 했다. 그러나 그 앞사람은 뒷사람이 그런 이득을 보게끔 자기가 한 치 불편함을 감수할 하등의 이유가 없었다. 그 옆사람, 그러니까 내 앞사람은 사태를 보아하니 응하지 않아도 되는 것에 응해서 자기만 손해를 봤다는 생각이 들었다. 그러자 다시 손해를 만회할 긴급 조처를 취했던 것이다. 나라고 별반 나을 것도 없었다. 남들 영화 보고 잠자는 시간에 일을 하겠다면 그 어떤 불편함이든 고생이든 감당해야 하는데 결국은 그 민망한 꼼수 전戰을 촉발했다.

　이마를 맞고 나서, 그야말로 거의 뺨을 맞고 나서야, 나는 원 위치로 돌아갔다. 조금 전과 다름없이 앞 좌석 등받이에 이마를 박은 채 계속 일을 했다. 열 시간 가까이. 슬픔에 젖은 것만 그 전과 달랐다. 그 모두가 '반 뼘' 공간을 두고 다툰 신경전이었기 때문이다.

　다른 사람들은 아무도 눈치 못 챈, 그 아무렇지도 않아 보이는 장면이 오래 마음을 떠나지 않는다. 그렇게 작은 '셈'을 하며, 도토리키를 재며 우리가 허비하고 있는 시간, 그 시간에 우리가 놓친 것은 얼마나 클까. 우리가 각박하게 만들고 있는 세상은 결국 우리와 우리의 아이들이 몸담고 있어야 하는 곳 아닌가.

　그런 '반 뼘'을 둔 셈질, 그런 알량한 저울질을 그만두면, 어쩌면 그 반 뼘 공간이 아니라 지구 땅덩이 전체가 내 것이 될 수도 있지 않을까. 내가 먼저 배려하며 자긍심과 감사함을 가지고 따뜻하게, 살 만하게 만드는 곳. 그래서 내가 편안하고, 내 아이들과 내 이웃이 편안한 곳. 그런 곳은 전부 우리 땅, 내 땅 아니겠는가.

왜 책을
읽어야 하지요?

우연히 이삿집에서 딸이 어렸을 적에 서툰 글씨로 써준 편지가 한 장 나왔다. 이제는 빛바랜 그 어린이다운 편지 끝에 퀴즈가 덧붙여져 있었다. 펼쳐진 책 그림을 세 개 그려놓고 그림마다 글을 달아놓았다. '📖만 읽고' '📖을 번역하고' 그것도 모자라 '📖을 쓰는 사람은?'

편지지 맨 아래에는 네모 칸 안에 한 글자씩 뒤집어 써넣은 답도 있었다.

| ㄴ | ㅁ | ㅏ |

그 어린아이의 눈에도 선명할 만큼 평생 책을 읽고 쓰고 살아왔다. 그러느라 버려야 했던 것도 참 많고, 그래도 사람 도

리는 하고 살고 싶어서 때로는 죽을 듯 무리하며 살아왔다. 왜 다른 길은 가지 않았을까. 실리를 추구하는 다른 길도 많았을 텐데.

이즈음 누군가 나에게 물었다.

"왜 책을 읽어야 하지요?"

눈이 반짝이는 어린 사람이었다. 한마디로 대답이 안 되어 잠깐 망설였다. 다시 생각해본다. 왜 책을 읽어야 할까. 정보와 지식이라면 세상에 널려 있는데 왜 굳이 책을 읽어야 할까. 왜 나는 평생 책을 읽고 쓰고 살아왔을까. 나는 어쩌다 흙을 일구는 대신 글을 읽고, 쓰고, 글 읽기를 가르치는 것이 본업이 되었을까.

얼마 전 대학병원에 갈 일이 있었다. 진료를 받고 나오다 낯익은 이름의 교수 명패가 붙은 방을 지나치게 되었다. 그 분야에서 최고 중 한 분인 줄은 알고 있었지만 내가 그분 진료실 앞을 지나치리라고는 생각지 못했다. 그분은 고교 시절, 그러니까 47년 전에 함께 책을 읽던 독회 선배였다.

너무도 반가워서 그냥 지나치지 못하고 기다리는 환자들 틈에 끼여 앉았다가, 환자들의 시간을 뺏으면 안 될 것 같아 반가운 사연은 쪽지에다 써서 내밀며 절만 꾸벅하고 다시 방을 나왔다. 밤에 보니 남겨둔 전화번호에 기나긴 글이 와 있다. 그분도 반가웠다는 인사를 그렇게 하신 것이다.

그 선배 말고도 그때 함께 책을 읽고 이야기를 나누었던 사람들은, 비록 만나지는 못해도 모두 자기 분야에서 두드러진 인물들인 줄 바람결에 알고 있다. 고등학교 시절 그렇게 모여서 열심히 책을 읽었던 열댓 명 중 작가가 된 사람은 한 명뿐이지만, 모두 다 분야를 넘어서 알려질 만큼 활약이 큰 세상의 일꾼이다. 나는 그때, 다들 참 많이 책을 읽고 글도 잘 쓰기에 나중에 모두 문인이 될 줄 알았다.

돌아보니 책을 읽는 시간은 무엇보다 생각하고 탐구하는 시간이다. 어린 날, 젊은 날 그토록 진지하게 많이 생각하였으니 자기가 갈 길도 신중히 찾았을 것이다. 찾은 길은 또 성심껏 갔을 것이다. 그렇게 수십 년의 세월이 가니 누구든 자기 분야의 탁월한 전문가가 될 수밖에 없지 않겠는가.

책은, 장삿속으로 쓴 것도 있겠지만 어찌됐든 누군가가 대단히 집중해서 때로는 평생의 경험을 농축시켜 쓴 것이다. 우리는 때로 누군가가 불쑥 던지는 한마디, 잠깐 나누는 대화에서도 많은 것을 느끼기도 한다. 하물며 심혈을 기울인 책에서 받는 것이야 많을 수밖에 없다.

책에서 나와 같기도 하고 다르기도 한 생각을, 많은 생각을 하며 읽는다. 공감하고 받아들이기도 하고 낯설어하며 물리치기도 한다. 그러다가도 세상에는 이런 생각도 있구나 하며 조금 사고가 열리기도 한다. 그렇게 열리는, 어쩌면 열려야 하는 사고의 지평은 무한하다. 그리고 그 열린 지평이 다 나의 세계이다. 세계가, 우주가 내 것일 수 있는데 내가 오래 해온 좁은 사고틀 안에 굳이 옹색하게 갇혀 있어야 할 이유가 없다. 그렇게 넓혀지는 사고의 지평이 진정한 내 영토 아니겠는가. 온 세계로 관광을 다녀도, 설령 넓은 땅을 사들여도 제 생각에만 갇혀 있다면 자기 세계는 그만큼뿐이다.

책에서는 하나의 세계를 만난다. 낯선 전문 분야일 수도 있고 문학이 구성하는 허구의 세계일 수도 있다. 그 세계가 어떤 것이든 그것에 대해 생각해본다는 것은 대상을 파악하는 중요한 능력을 키워준다. 무슨 일이든 자기 앞의 대상에 대한 정확한 포착 능력이 불필요한 전문 분야는 없다.

책은 그래서 읽는 것 같다. 그러나 그 눈 반짝이던 사람에게는 여전히 대답이 안 될 것 같다. 물음 자체가, 책을 읽으며 스스로 찾는 답만이 힘을 갖는 그런 물음인 것 같다. 그만큼 중요한 물음이다.

책에서 나와 같기도 하고 다르기도 한 생각을, 많은 생각을 하며 읽는다.
공감하고 받아들이기도 하고 낯설어하며 물리치기도 한다.
그러다가도 세상에는 이런 생각도 있구나 하며
조금 사고가 열리기도 한다.
그렇게 열리는, 어쩌면 열려야 하는 사고의 지평은 무한하다.
그리고 그 열린 지평이 다 나의 세계이다.

그보다 더
중요한 것

얼마 전에 고등학생 몇 명이 나를 찾아왔다. 《데미안》을 읽고 또 《파우스트》까지 읽고 쓴 글들을 보내면서 한번 만나고 싶다고 한 신통하고 고운 학생들이었다. 온통 입시밖에 안중에 없는 세상에서 이런 학생들이 있다는 것이 놀랍고 감사해서 오래 이야기를 나누었다. 참 많은 이야기를 나누고, 써 보낸 글에 대해 하나하나 이야기를 했다. 놀랍게 잘 쓴 글이었지만 몇 군데는 내가 물음표를 짙게 달고 왜 그랬는지도 함께 설명했다.

책을 읽으면 자신의 경험에 비추어 읽게 마련이고 나름의 판단을 내리게 마련이다. 내가 그들에게 경계했던 것은 상투적인 단언이 나올 때였다. 예를 들어 학교 폭력에 시달리다가 결국 전학을 가버린 반 친구 문제에 대해 '학교에서' '사회에서' 혹은 '정부에서' 해결해야 한다고 쓴 글에 나는 우리 한 번 더 생각해보자고 했다.

알고 있다, 어린 학생들이 달리 어쩌겠는가. 어른인들 어쩌겠는가. 그러나 그들의 심성이 바르고 주변을 이끌어갈 만치 의젓한 학생들이라, 나는 이야기해 보았다.

폭력에 시달리다 못해 학교를 떠나야 했던 친구에게, 그 친구가 마음을 붙들 수도 있는 말을 건네는 사람들이 좀 있었더라면 어땠을까. 그래도 떠났을 수는 있겠지만 말이다. 그럴 수 있는 사람이 누구였겠는가, 좀 더 읽고 좀 더 생각한 사람 아니겠느냐고.

글에는 사람의 마음이 담겼는데, 글을 많이 읽은 사람들이야말로 다친 마음을 알아보고 다가갈 수 있어야 하지 않을까. 상황 자체를 바꿀 수는 없더라도 말이다. 그런 힘없는 말을 그래도 하는 것이 글 읽은 사람의 도리이고, 문학의 진정한 역할 아닐까 이야기했다.

그 학생들이 고민 끝에 던졌던 또 하나의 질문은 참으로 나를 당혹케 하는 것이었다. 수능인지 무슨 문제집인지 그런 데서 나온 문제라는데, 어떤 위기 상황에서 여러 연령, 다양한 직업의 사람들이 모인 가운데 그중 몇을 없애야 한다는 것이었다. '누구를 희생시킬까?' 하는 문제였다. 그런데 어떤 대학생이 정교한 논리로 사회복지가의 꿈을 가진 눈먼 소년을 희생시켜야 한다는 주장을 폈는데 자기들은 석연치 않고 정말 모르겠으니 조언을 달라는 것이었다.

　나는 한동안 말을 잃었다. 세상에 누가, 정말이지 어느 몹쓸 인간이 그런 문제를 냈단 말인가. 한참 있다가 학생들에게 조용히 그러나 단호하게 이야기했다. 그건 답을 내고 못 내고의 문제가 아니고 문제 자체가 틀렸다는 것을.

　누구를 구해야 하느냐 하는 문제로 만든다면 생각해볼 수 있고 논거도 만들어볼 수 있다. 어떻게 함께 상황을 돌파할 수 있겠는가로 문제를 바꿀 수 있다면 더더욱 좋을 것이다. 그런데 누구를 죽여야 하는가로 문제를 내고 설득력까지 갖춘 답을 내게 한다면, 또 그 답을 낸다면 그거야말로 범죄라는 것. 세상의 큰 범죄들도 결국은 다 그렇게 해서 생겨나지 않는가.

　글 배웠으면 빛나는 논리로 자신을 돋보이게 할 수도 있고, 입장을 유리하게 할 수도 있고, 이득을 취할 수도 있겠지만 그보다 더 중요한 것은 옳고 그름을 아는 것이다. 틀린 것은 틀리다고 할 줄 알아야 한다. 그저 생각 없이 순응함으로써, 혹은 작은 목전의 이득을 위해, 혹은 귀찮아서 잠자코 있음으로써 우리는 얼마나 많은 세상의 문제를 악화시키는지.

　그러나 높인 목소리에 자신에 대한 성찰은 빠져 있고 남들만 비난하는 것일 때, 그것이 무슨 진정한 힘이 있겠으며 거두는 것이 무엇이겠는가. 틀린 것은 틀렸다고 하되 내가 할 수 있는 일은 해야 할 것이다.

나는 지금까지 글을 읽어오면서 문학이란 무엇보다 사람의 마음을 남기고, 전하고, 읽는 일이라고 생각해왔다. 글에는 사람이 담긴다. 현실에서는 일일이 다 만나낼 수 없는 나와 다른 사람들을 만나는 일, 사람들의 속마음까지 속속들이 만나 보는 일은 세상 살아가는 데 꼭 필요한 것이다. 사람들의 마음의 갈피를 헤아리고 배려하는 것은 아마도 함께 살아가면서 가장 필요한 일일 것이다. 어쩌면 우리가 글을 배우고 읽는 궁극의 의미일지도 모른다.

  우리가 가장 힘들여 남기고, 전하고, 읽는 것은 아마도 바른 삶이어야 할 것이다. 글 읽는 시간이란 것도 궁극적으로는 바른 삶을 생각하는 시간일 것이다.

글에는 사람이 담긴다. 현실에서는 일일이 다 만나낼 수 없는
나와 다른 사람들을 만나는 일, 사람들의 속마음까지
속속들이 만나보는 일은 세상 살아가는 데 꼭 필요한 것이다.
사람들의 마음의 갈피를 헤아리고 배려하는 것은
아마도 함께 살아가면서 가장 필요한 일일 것이다.
어쩌면 우리가 글을 배우고 읽는 궁극의 의미일지도 모른다.

사랑도 예금 잔액처럼
아껴 써야

아주 작은 접시에 담겨 내 방 유리장 안에 고이 간직되어 있는 2센티미터도 안 되는 몽당연필. 언젠가 몹시 지쳐서 딸과 함께 먼 나라의 기차 안에 앉아 있었을 때, 곧 그 기차가 다음 정거장에 닿으면 내려서 차를 갈아타고 아주 멀리로 갈 딸이 문득, 자기가 가지고 있던 연필 한 자루를 부러뜨려 나에게 건네준 것이다. 딸도 연필 한 자루밖에는 가진 필기도구가 없었다. 글을 쓰며 피로감을, 고독을, 온 인생의 짐을 지고 가라는 말없는 당부였다.

그 작은 몽당연필로 대단한 글을 쓰지는 못했다. 그러나 인생을 감내한 것 같다. 글을 쓰며, 사랑하는 사람들을 생각하며.

　　내 집에 오는 귀한 손님들에게 보여주곤 하는, 고운 보자기에 싸서 간직하고 있는 낡은 한지 책은 어머니가 붓글씨로 필사하신 것이다. 학교 문턱에도 못 가보신 어머니께서는 그 배움에의 간절함으로, 빌린 책을 일일이 세필 붓으로 다 베껴 쓰셨다. 질긴 한지가 닳아버리도록 보시고 또 보셔서 다 외우셨던 그 책들. 말할 수 없을 만치 고난의 생애를 보내고 가신 어머니는 저런 글들을 호롱불 밑에서 읽으며, 또 다른 이들에게 읽어주며 삶을 견디셨던 것 같다.

　　세상에 다시없는 이 귀한 어머니의 유품은, 차며 비행기를 타고 허황하게 세상을 떠도는 나의 귓전을 떠나지 않는 말씀이다. 끝이 없는 사랑이고 격려이다.

　　마른 꽃다발 하나 ― 9개월에 걸쳐 일만 킬로미터를 훨씬 넘게 내 손에 들려 다니다가 이제 내 책장 안에 자리를 잡고 있다. 커다란 노란 장미 다발인데 작년에 큰 상을 하나 받게 되었을 때 존경하는 시인이 보내준 것이다. 그게 귀해서, 독일 바이마르로부터 독일 서남쪽 끝 프라이부르크로, 거기서 다시 동남쪽 끝 파사우로, 다시 거기서 서쪽 프랑크푸르트로 해서 서울까지 바스러질세라 조심조심 들고 왔다.

　　어느 제자로부터 선물 받은 책 한 권 ― 황송하게도 "스승이자 친구이자 어머니인 선생님께"란 글귀가 적혀 있어 값진 책이 되었다.

책상 위 두 개의 시계 — 평범한 탁상시계이지만 어떤 제자가, 내가 일 년의 절반 가까이 가 있어야 하는 독일의 시간과 미국에 있는 내 딸의 거처의 시간에 맞추어서 가지고 온 것이다. 그래서 내게는 세상 그 어느 명품도 감히 넘보지 못할 귀중품이다. 이곳 시간을 담은 시계와 나란히 내 책상 위에 세워져 있다.

지금 내 집 지붕을 뒤덮은 등나무 역시, 언젠가 학교에서 어느 학생이 주워다 준 씨앗을 심어 싹튼 것이어서 그 어떤 희귀 정원수보다도 귀한 나무이다.

그 작은 것들에는 하나같이, 사랑하는 사람들이 내게 준 기쁨이 간직되어 있다. 살면서 받은 헤아릴 수도 없는 이런 작은 선물들을 돌아보노라면, 가끔씩 치미는 이런저런 불평불만이나 삶에 대한 회의는 터무니없어 보인다. 이 작은 사랑의 징표들이 나를 삶에 붙들어두는 장본인들인 것도 같다.

그런데 왜 나 자신은 무슨 날이 되면 무언가 그럴듯한 선물을 하기 위해 평생 그토록 조바심했던가. 무얼 해야 하나, 또 무슨 선물을 사야 하나, 정말 찾아뵐 시간이 안 되는데, 정말 형편이 안 되는데 어쩌나……. 그러다가 이제 찾아뵐 분들이 세상에 별로 남지 않게 되었을 때의 쓸쓸함과 회한 또한 그만큼 컸다.

무언가 생색 나는 선물을 해야 한다는 강박관념에서 자유롭지 못했던 것 같다. 선물조차도 금방 가치가 평가되고 가격이 매겨질 것만 같은, 또 정말로 그렇기도 한 시류 탓도 있겠고 나를 돋보이려는 허영심도 얼마만큼은 작용했을 것이다. 그런데 내가 받아서 정말 소중히 간직하고 있는 물건들은 정작, 물건 값과는 무관한 것이다.

온갖 형태로 사랑의 마음을 전하고 싶은, 또 조금은 전하기도 해야만 하는 때가 찾아오면, 사랑의 표시가 어떠해야 할까를 다시 생각해본다. 그건 아마도 처음 마음을 담는 일일 것이다. 빚을 내듯 무리를 해서, 심지어 일말의 미움까지 섞어서, 무언가 물건을 마련한다는 것은 누구든 오래 할 수 있는 일이 아니다.

물건도 마음도 형편만큼, 분수만큼이어야 할 것은 사실 자명한 이치이다. 어쩌면 사랑의 마음이야말로 예금 잔액처럼 바닥나지 않도록 조심스레 아끼며 지키고, 또 늘려가야 할 무엇인 것 같다.

사랑하는
젊은이들에게
_주례의 말

방학 동안은 독일에 있다. 두세 달 동안 반 년치 일을 하고 와야 하니 늘 숨이 가쁘다. 그런데 이번에는 그 와중에 서울을 다녀와야 할 일이 생겼다. 주례 부탁을 받았기 때문이다. 신랑 신부가 다 제자이고 신부 동생마저 내 수업을 들었다.

비행기표를 보내드릴 테니 꼭 와주십사 하고 부탁을 하는 성의를 어떻게 거절하겠는가. 그렇다고 이제 어렵사리 새출발을 하는 젊은 사람들에게서 당연한 듯이 항공권을 받을 수도 없었다. 여비 부담도 만만치는 않지만 며칠씩 시간을 낸다는 것이 나로서는 여간 마음먹기 어려운 일이 아니었다. 그래도 흔쾌히 시간을 내어 표를 샀다. 서울에 있을 이삼 일은 왕복 비행시간이며 기차시간 등 오가는 시간보다 별로 길지 않은데 말이다.

무슨 말을 할까, 생각을 많이 해보았다. 웬 꾀죄죄한 조그만 여자가 주례석으로 올라가면 하객들이 의아한 생각부터 들 것이고, 더구나 이번에는 하객의 대부분이 언론인들, 법조인들이다. 다들 예리한 글이 전문인 사람들일 테니 어쭙잖은 이야기를 하기도 어려웠다. 그래서 그냥 내가 할 수 있는 말을 소박하게 쓰기로 했다. 젊은이들에게 하고 싶은 말이 담겨 있기에 여기에 축약하여 옮겨본다.

두 사람은 제가 하는 교양수업 '독일 명작의 이해'를 수강했습니다. 같은 학기에 들은 건 아니고요. (신부는 화학과 학생이었고, 신랑은 법학과 학생이었습니다.) 헤아릴 수 없이 많은 교양수업의 하나일 뿐인 수업을 두 사람 다 어떤 지극정성으로 하는지를 보았기에, 그들의 전공이 되고 전업이 된 분야의 일을 그들이 어떻게 하고 있을지를 생각하면, 참으로 든든합니다.

저는 수업이 끝나고 학생들과 학교식당에서 같이 밥 먹기를 좋아하는데 (그렇게밖에는 시간 내기가 어려워서요.) 학교식당에서 밥을 먹고 있노라면 가끔은 전에 수업을 들었던 학생들도 만나게 되고 그러면 만난 사람도 같이 어울려 밥을 먹게도 됩니다. 그런 자리에서 두 사람은 알게 되었다고 합니다. 청첩장을 보시고 놀라셨겠듯이 그게 물경 13년 전의 일입니다.

그 기나긴 세월은, 두 사람이 각각 장차 무슨 일을 해야 할지를 신중하게 고민하고 결정하고 야무지게 준비하며 각자 학업을 마치고 사회로 나와 두 발을 굳게 디디는 시간이었습니다. 그것이 각자에게 얼마나 큰 각고의 세월이었는지는 저야 그저 짐작만 합니다만, 제가 보아온 것은 쉽사리 찾아보기 어려운 씩씩하고 아름다운 젊은이들의 모습입니다…….

이 심지 굳고 슬기로운 두 사람에게, 혼례라 하여 제가 특별히 더 당부할 말은 없습니다. 그저 지금까지처럼 몸 건강히, 변함없이 세상 끝까지 가줄 것을 바랄밖에 없습니다. 그래서 무슨 좋은 말을 찾느라 고민하지는 않았습니다. 다만 무슨 선물을 할까만 상당히 고심했습니다. 세상의 무슨 물건을 구해다 주어야 이 귀한 두 사람에게 합당한 기쁨의 표시가 될지 알 수 없어서요.

독일 동남쪽 끝에는 파사우라는 그림같이 아름다운 작은 도시가 있습니다. 석회석인 알프스 산록을 지나오느라 흰 빛 어린 연둣빛인 인 Inn 강과 푸른 초원을 흘러온 아직은 작은 도나우가, 색깔이 확연히 다른 두 물이 합쳐져서 큰 한물, 아름답고 푸른 도나우가 되어 여기서부터 비엔나를 지나 부다페스트를 지나 흑해까지 굽이굽이 흘러가는 곳입니다.

그 두 빛깔의 물이 만나는 어름에서 작년 여름에 고운 펜 두 자루를 사두었습니다. 잉크로 찍어서 쓰는 구식 펜이요. (……) 그런데 고운 펜 두 자루를 사놓고 들여다보니, 무늬는 고운데 무늬가 너무 곱다 보니 이게 과연 튼튼하기도 할까 싶은 생각이 드는 거예요. 그래서 지난 가을에 다시, 신랑 신부가 제각기 다녀오기도 한 대문호 괴테의 도시 바이마르로 가서 아주 튼튼한 것으로 펜 두 자루를 또 샀습니다. 어제 올 때는 다시 바이마르에서 포장지만 사왔습니다.

그래서 펜 네 자루를 꾸리다 보니 뭔가 또 더하고 싶은 말이 있는 것 같아 두 사람도 이미 아는 책 두 권을 더 넣었습니다. 제가 지금까지 세상에서 본 가장 아름다운 사랑을, 젊은 날에는 국경과 역경을 넘어서, 노년에도 흔들림 없이 서로 의지하며 지켜가는 분들, 따뜻하고 올곧은 시인의 손에서 나온 시집이라서요.

신랑 신부를 가까이서 잘 아는 친구며 선후배님들의 마음 역시 저와 비슷하지 않았을까요. 세상에 무얼로 이 귀한 두 사람을 축복하고 싶지 않겠습니까.

네, 온 마음으로 축복합니다!

시작하기 전에, 내가 자격이 부족하다는 말을 하면서 키마저 수준 미달이라 높은 대에 올라섰다는 말을 덧붙여 조금 긴장을 풀었다. 발판으로 쓰려고 급히 구한 상자가 높고 불안정해서 구두를 벗고 올라서서도 조금 조마조마했다. 그러나 말을 시작하자 내 자신의 한마디 한마디 뒤로 두 사람을 지켜본 온 세월이 스쳐갔다.

"각자에게 얼마나 큰 각고의 세월이었는지는 저야 그저 짐작만 합니다만"이라고 말할 수밖에 없었지만, 그들의 그 세월은 참으로 지난했다. 그러나 너무도 아름답고 소중한 것이었다. 학창 시절 신랑은 급격히 기운 가세로 인해 몹시도 어려운 처지였다. 그 어려움을 딛고 자신이 정말로 할 일을 찾아가는데, 그 씩씩한 사람조차도 십 년은 족히 걸리는 것 같았다. 젊은 날을 다 쏟은 것이다.

그 절실함이 얼마나 컸는지 신랑은 남들은 그냥 가 있기도 벅차다는 군대에 있는 동안 민음사에서 나온 세계문학 전집을 다 읽어버렸다고 했다. 언론인으로 진로를 세웠기에 뭐든 글을 읽어야 하겠다고 생각했던 것이다. 그저 책만 읽었겠는가. 생각도 그만큼 했을 것이다. 그리고 그렇게 지독하게 폭넓게 읽어놓은 것이 어디로 가겠는가. 그저 테크닉을 익히는 언론사 입사 준비 전략에 비하겠는가.

그는 제대 후 한 달 안에 유력 언론사 몇 군데에 동시에 합격했다. 입사 후의 강훈과 하루 몇 시간밖에 못 자는 초임 기자의 고단함을 잘 이겨내고, 지금은 언론 분야 중에서도 자신을 특화할 수 있는 길을 제대로 찾아내어 잘 가고 있다. 어느덧 제법 전문가의 티가 난다. 스스로 어렵사리 입신한 터라, 어떤 어려움도 여유 있게 웃으며 견딜뿐더러 남들에 대한 배려가 항시 남다르다. 결혼식 때 친구들이 너무 많이 와서 사진을 두 번 나누어 찍는데도 가까스로 계단 위에 다 섰다.

신부는 또 얼마나 신통하고 예쁜지. 화학 공부를 하다가 법학 공부로 바꾸기는 쉬운 일이 아니었을 것이다. 신중한 결단이 있었던 만큼 감당해야 할 것도 많았을 것이다. 공부를 마치고는 곧바로 법조계로 나갔는데 초임이 서울 본원으로 날 만큼 야무지게 일을 해내었다. 그런 사람이, 상당한 혼처도 찾으면 없을 리 없건만, 서로 사귀던 때만 해도 아무 가진 것도 없고 앞날의 전망도 아직은 없는 그 친구를 택했다. 글자 그대로 사람 하나 보고, 그를 사랑하고 격려하여 그에게서 놀라운 발전이 나오게 만들었다.

그저 입신양명에 뜻을 두기만 한 사람들이라면 내게 그토록 소중하고 귀한 사람들일 리 없다. 한번은 내 시골집에 와서, 다들 조금씩은 낯설어 하는 곳에서, 사려 깊게 그러나 요란하지 않게 궂은 뒷정리를 가만히 다 해놓고 가는 걸 보았다. 세상에 그런 판사가 있다는 것이 얼마나 좋던지. 판결을 할 때 역시 저렇게 사람들을 배려하지 않겠는가.

말이 13년이지. 젊은이들에게는 그들의 거의 모든 젊은 날이다. 그렇게 변함없이 서로를 의지하면서 격려하면서 자신의 앞날을 닦아나간 사람들을 본다는 것은, 아니 그런 이들이 있다는 것을 아는 것만으로도 나로서는 황공하도록 감사한 일이다.

그러나 그렇게 표 나게 무얼 이룬 사람들만 중요하겠는가. 세상이 얼마나 무정하든 지금 묵묵하게 어려움을 견디며 자신의 길을 찾아가는, 그러면서도 남들에 대한 배려를 아끼지 않는 젊은이들이 그들 둘뿐이겠는가. 그렇지 않은 사람들이 튀어서 어지럽게 눈에 보이니까 우리가 못 보는 것일 뿐. 제아무리 세상에 개탄할 것이 많다 한들, 눈 맑게 해서 그런 사람들을 눈여겨보고 그런 사람들이 힘 잃지 않게 격려해야 하지 않을까.

그런 사람들에게 박수쳐주는 것이 내가 생애의 마지막까지 정말로 하고 싶은 일이다.

나무
고아원

사람들의 마음이 너무도 황폐해져버렸다. 우리는 조급하게 부수고, 짓고, 너무도 함부로 그동안 간직되었던 온갖 것을 다 버려왔다. 그 와중에 강퍅해져버린 사람의 마음은 깃들 곳도 없고 돌이킬 길도 막막하다. 그래서인지 뽑혀지는 풀 한 줌, 나무 한 포기에도 무심할 수가 없다. 청승맞게도 자꾸, 황량한 땅에서, 뿌리 내릴 데 없이 살아갈 아이들의 메마른 마음을 생각하게 되기 때문이다.

  나는 조금 이상한 일 한 가지를 시작하게 되었다. 계단 틈바구니나 돌 틈에서 싹튼, 머지않아 뽑혀버릴 어린 나무들을 조금 구출하기 시작했다. 학교 도서관 앞 하수구에서 싹터 자란 느티나무를 보고, 거목이 될 그 나무가 거기 있는 것이 참 가엾어서, 그 불쌍한 나무를 내 시골집 밭에 옮겨 심은 것이 처음이었다.

마침 우연히도 제법 큰 밭이 생겼다. 시골마을에, 친구 덕에 허름한 농가건물 집필실을 두어 달 월세 비용으로 아주 얻게 되었을 때, 나는 너무도 기쁘고 감사했다. 땅은 마을의 종중 땅이고 건물은 그냥 사는 것이었다. 그런데 서울 사람의 습성 때문에, 토지도 건물도 내 명의가 아닌 이 건물을 내어놓아야 하는 상황이 되면 어쩌나 하는 두려움이 커졌다. 그래서 기껏 해낸 궁리가 어디 조그만 땅이 있으면 사두었다가 여차하면 바꾸자고 하겠다는 것이었다.

불안감은 큰데, 같은 마을에는 나온 땅이 없고 건너 마을에 땅이 있다는 이야기를 들었다. 가보니 내 형편으로는 너무 컸지만 두 번 생각할 수 없을 만큼 나는 다급했다. 그래서 그 자리에서 계약을 했고, 그다음은 여러 해를 두고 빚을 갚아야 했다.

어찌됐던 그렇게 생긴 밭에다가 한 뼘 키도 안 되는 느티나무를 맨 먼저 갖다 심었고 그다음에는 오가다가 계단 틈에서 싹터 자라지 못하는 나무를 본다든지 하면 하나씩 옮겨갔다. 물론 작은 묘목을 산 적도 있다. 그래서 내 밭은 일종의 나무 고아원이 되었다.

아끼는 사람들이 오면 한 그루씩 주인을 맺어 입양도 시킨다. 주인도 자기 나무를 보러 또 온다. 아이를 낳았다든지, 무슨 계기가 있어, 또 아무런 계기가 없어도, 직접 묘목을 가져다 심는 사람도 있다.

주인이 있는 나무는 이상하게 잘 자란다. 아마도 내가 그 이를 생각하며 한 번이라도 더 바라보고, 잡초를 뽑으면 한 줌이라도 더 그 나무 발치에 놓기 때문일 것이다. 어느덧 10여 년이 되다 보니 나무들은 제법 컸고, 그 한 그루 한 그루에는 내가 아끼는 사람들의 모습이 선연히 어려 있다.

그 나무들을 바라보며 이제 내가 바라는 것은, 주인인 사람도 가끔씩 그 나무 생각을 하며, 조금은 더 딛고 있는 땅에 뿌리 내리는 것이다. 그 자신의 마음도 변함없이 푸르고 주변까지 푸르게 한다면야 더 바랄 일이 있겠는가.

밥 하나 제대로 먹지
못하게 되었으면서

여러 해 전 유럽을 휩쓸고 그 몇 해 뒤에는 우리나라를 강타했던 광우병 소동이 아직도 잊히지 않는다. 처음에는 그저 먼 나라 이야기였다. 하지만 현지에서 잠시 접해본 그 후유증은 너무도 심각해서 종말론적인 징후로 느껴질 정도였다. 말을 겨우 하는 어린아이들도 '광우병, 광우병'을 익숙하게 내뱉는 상황, 무엇보다 EU의 '시장 정화' 계획에 따라 발병 지역의 가축들이 무차별 도살되고 있는 상황은 섬뜩했다.

그보다 더 오래전, 처음 유럽에 갔을 때가 떠올랐다. 가장 부러웠던 것은 대학의 도서관과 구내식당이었다. 도서관에는 조난당해 갈증에 떨던 사람에게 주어진 물처럼, 마음껏 볼 수 있는 많은 책들이 있었다. 허겁지겁 읽었다. 식당에 가면, 밥만 싸온 도시락에 콩나물국 한 그릇 겨우 사서 찬밥을 말아 먹으면서도 토론에 열을 올리던 고국의 학우들 생각이 나서 목이 메곤 했다. 농가의 가장 큰 재산인 소를 팔아 자식을 보내곤 했기에 대학이 상아탑 대신 '우골탑'이라 불리던 시절에 나는 대학을 다녔다.

그 시절에 본 독일 농촌의 축사는 가히 충격적이었다. 수십 마리의 젖소들이 중앙의 통로를 향하여 양쪽에 각각 한 줄로 늘어서 있고 그 젖통들에 유리 파이프가 하나씩 부착되어 있었다. 그렇게 유리 파이프 여러 개를 매달고 간격 맞추어 세워진 소들에게서 자동으로 짜진 젖이 천장 쪽으로 올라가 큰 파이프 속으로 콸콸 흘러들어 모이고 있었다.

그것을 옆에서 느긋이 구경하는, 벤츠 자동차를 모는 농부의 여유 있는 모습은 그 어떤 도시적인 발전 상황보다도 문화적 충격으로 다가왔다. 그 시절 찌든 우리의 농촌 상황을 생각하면 분명 목메이게 부러운 선진국의 여유와 풍요였지만, 다른 한편 어릴 적에 식구 같던 순한 누렁이의 눈망울이 떠올랐다. 이것이 부러워해야 할 상황인지 그 반대인지 갈피를 잡을 수가 없었다. 직접 보지는 못 했지만 교미 또한 '효율적으로' 암소의 그림이 그려져 있고 구멍만 뚫어놓은 판자 앞에 수소들을 세운 뒤 인공 페로몬을 피워 그 구멍에 돌진하여 사정을 하게 한다고 했다.

식용고기를 만들고 남은 것은 죽으로 만들고, 그 죽에서 가루를 만들고, 그 가루를 다시 소들에게 먹였다고 한다. 본디 초식동물인 소가 좀 더 빨리빨리 크고 좀 더 많이많이 살찌라고 말이다. 그렇게 먹을 것 못 먹을 것 다 먹으며 갇혀서 빨리빨리 크고 살만 쪄야 했던 소들은 미쳐 날뛰도록 골수까지 병들었고, 그로 인한 경제 파탄을 서둘러 복구하겠다고 광우병 걸린 소들은 물론 성한 소들까지 모조리 도살하였다. 이번에는 고기 가루를 만드는 대신 그저 불태우고 있었다. 불과 몇 년 뒤, 내가 사는 마을에서도 수백 마리씩 가축이 땅에 파묻히는 것을 보았다.

인간이 도대체 무슨 자격으로 죄 없는 짐승들에게 이렇게까지 하는 것인가. 이렇게까지 자연을 거스르고도 무사할까. 인간이 잡식동물인 한, 먹이사슬 안에서의 죄야 시비해보아야 부질없는 일이다. 하지만 인류는 넘으면 안 될 선을 이곳저곳에서 이미 넘어도 많이 넘은 것 같다.

당장은 광우병 같은 소동이 다시 없어서 안도하지만, 한편 안도할 겨를마저 없도록 세상은 마구 돌아간다. 그리고 세상에는 아직도 배고픈 사람들이 지천이다. 그런가 하면 한편에서는 민망할 만큼 요란하게 다이어트 이야기가 들린다. 로마 쇠망기의 가장 큰 사회적 패덕의 하나로 꼽히는, 먹고 나서 토하는 귀족들의 습관 정도는 조직적인 이윤 추구로 나타나는 현대인의 탐욕에 비하면 가벼운 옛날이야기일지도 모른다.

다이어트 이야기는 — 이윤을 챙겨야 하는 산업에 부추겨지기까지 해서 — 정말이지 너무도 요란하고 너무도 일상적이다. 건강상의 사유로 필요한 경우도 물론 있지만 너무나도 거침없이, 스스럼없이 우리는 다이어트 이야기를 한다. 항상 남을 생각하면서 살 수야 없지만, 적어도 다이어트 이야기를 하고 있는 동안에는 아직도 허다한 배고픈 사람들은 우리의 안중에 없는 것이다. 우리는 그 많은 지식을 쌓고서, 밥 하나 제대로 먹지 못하게 되어버렸으면서, 부끄러움마저 없어졌을까.

이즈음 밥을 먹다 보면 부쩍 대책도 없이 묻게 된다. 어떻게 먹고, 또 나누어 먹어야 할 것인가. 우리 겸허하게 그냥 조금 덜 먹어야 하지 않을까.

내가
믿는 것

어제 등을 사러 나갔다가 집을 나선 김에 장까지 봐왔다. 공동 부엌에 누가 남기고 간 밀가루가 있는 것을 보았다. 배추전을 부칠 수 있을 것 같아 작은 배추 한 통과 큰 파 한 뿌리를 샀다. 부침 위에다 뿌릴 수 있는 아주 작은 햄 부스러기도 조금 샀다. 배추는 냉장고에 넣고, 파는 잘라서 잎 쪽은 냉장고에 뿌리 쪽은 물병에 담아 창가에 두었다. 배추도 오래 보관될 것이고 파도 자랄 것이다. 살림살이 넉넉한 부자가 된 느낌이다.

　오늘은 한 해 마지막 날이라 할 일이 많고, 기운을 내야 할 것 같아 배추 세 잎을 따서 배추전을 부쳤다. 잎이 작아서이다. 잎이 크면 두 장, 혹은 한 장이면 된다. 데워진 프라이팬에 올리고 한 숟가락의 밀가루만 묽게 물에 풀어 끼얹으면 배추전이 된다. 혹시 뭔가 더 올릴 게 있으면 그 위에 올리면 된다.

　　노릇노릇 구워진 배추전을 들고, 니체의 발코니에 나가 앉아서 먹었다. 오랜만에 먹는 신선한 음식이어서 참 맛있는 데다가, 니체의 발코니에는 막 온 천지를 채우며 아침노을이 펼쳐지고 있었다. 기막힌 호화 조찬이었다. 한 해를 마감하는 날의 호사!

　　지난 10여 년 생활이 온통 공중에 뜬 듯 불안정해서 3개월 반 서울, 2개월 반 독일, 3개월 반 서울, 2개월 반 독일이 되풀이되는 상황이었다. 3개월 반의 서울 생활은 다시 월화수목(금) 서울, (금)토일 여주로 쪼개어 살고 있다. 주중에는 학교 근처 셋집에서 자고, 하루 이틀에 불과한 (아무리 금요일에 내려가려 해도 잘 안 된다) 짧은 주말을 여주 집에서 보낸다. 그곳에도 일이 쌓여서 기다리고 있다.

　　남 보기에 조금 고급으로 비칠지 몰라도, 영락없는 노숙인 생활이다. 한국, 독일 어느 쪽에서든 그 짧은 기간 동안 적어도 반년 치의 일은 꼬박 해야 하니 노동의 강도가 여간 높지 않아, 노숙인에 비견하는 것도 적합지 않다.

　　누가 묻겠지. 무얼 얻자고, 무얼 바라고 그렇게까지 무리를 하고 사느냐고. 무리는 확실히 하는데 바란 것은 없다. 무얼 얻었는지도 잘 모르겠다. 스스로도 믿을 수 없을 만큼 여러 권의 책이, 그것도 하나하나가 필생의 저작과도 같은 책들이 독일과 한국에서 나오기는 했다. 사람이 쉽게 할 수 있는 일은 아니다. 그러나 그사이 (하고 싶은 공부를 제대로 할 수 없어) 사무친 것이 많았고, 이제 좀 나이가 들어 남은 시간이 의식되다 보니 제 자신은 항상 뒷전이던 예전과는 달리, 하고 싶었던 일들을 앞뒤 재지 않고 하고 있다. 또 그럴 수 있는 여건이 이제 와서야 따라주기도 한다. 뭔가 나오는 때가 된 것 같기도 하다.

그러나 진정한 소득은 곰곰이 생각해보면 삶이 얼마나 단순할 수 있는가를 깨달은 게 아닌가 싶다. 특히 여주에 내려가 살기 시작하면서부터 사람이 사는 데 얼마나 조금만 필요한지를 몸으로 체득했다. 사람이 사는 데 필요한 건 정말 조금이었다.

배추전은 나의 가장 중요한 메뉴이다. 배추는 독일에서나 한국에서나 어렵지 않게 구할 수 있고, 한 통만 구해서 신문지에 둘둘 말아놓으면 어디서든 보관도 오래 된다.

여주에서 또 하나의 주요 메뉴는 밥과 된장찌개인데 뚝배기에 쌀 한 줌을 넣고 그 위에다 조그만 사기 종지에 된장을 풀어 넣어놓으면 밥과 된장찌개가 한꺼번에 된다. 밥을 지을 때도 한 뚝배기, 먹을 때도 한 그릇이다. 먹은 그릇 씻어두기도 좋다. 절밥보다도 간단하다. 된장찌개에 넣는 것은 멸치 두세 마리, 그리고 뒤 텃밭에서 딴 고추 한 개이다. (겨울을 위해서 고추는 가을에 다 따서 채 썰어서 얼려두었다.)

얼마나 많은 불필요한 것들에 다들 목을 매달고들 사는

지. 그 많은 불필요한 것들 때문에 얼마나 또 불행한지. 그런데 쓸데없는 것들을 좀 버리면 자유로워지기만 하는 것이 아니라 자기가 정말로 하고 싶은 일을 제법 할 수 있다.

나는 내가 사랑하는 젊은이들이 저 자본의 메커니즘 속에서 마모되지 않고 이런 삶의 이치를 생각하는 순간도 좀 있기를 바란다. 그렇게 가끔씩, 잠시나마 그 사슬에서 벗어나서 그들의 젊은 날 모습을 유지해주기를 간절히 바란다. 저 아름다운 사람들이 아름답게 있어야, 그런 사람들이 하나라도 더 있어야 세상은 유지될 수 있을 것 같다. 달리 무슨 희망이 있겠는가.

그런 사람들을 위하여 여백서원을 짓겠다고 생각했다. 집 하나가 무엇이겠느냐마는, 우연히 마련된 터에다 심은 나무들도 제법 자랐으니 좀 더 많은 사람들과 나누고 싶다. 또 혼자 힘으로, 외로움의 힘으로 만든 이 터에서 여러 사람이 쉬고 배우기를 바라게 된다.

언제나, 지금 중요하다고 생각하는 일을 했고 거기에는 온 힘을 쏟았다. 그런데 어떻게인지 살아졌다. 믿는 것이라고는 사람이 살아가는 데는 아주 조금만 필요하다는 것뿐인데 말이다. 그 말을 하면 병나면 어쩌려고 그러냐고들 또 걱정한다.

물론 나도 병나서 주변 괴롭게 하는 일까지는 없기를 간절히 바란다. 뜯어고쳐 무리해서 오래 살지 않고 웬만한 것은 그냥 껴안고 살 만큼 살려고 한다. 그런 일이 사람 마음처럼 되는 일이 아닌 건 알지만, 지금으로서 하는 생각은 고작 그 정도이다. 그 점에서만은 하늘이 좀 도와주면 좋겠다.

얼마나 많은 불필요한 것들에 다들 목을 매달고들 사는지.
그 많은 불필요한 것들 때문에 얼마나 또 불행한지.
그런데 쓸데없는 것들을 좀 버리면 자유로워지기만 하는 것이 아니라
자기가 정말로 하고 싶은 일을 제법 할 수 있다.

색동꼬리연

생애의 마지막 집으로 옮겨 앉는 각별한 일을, 이 여름에 했다. 오래 생각하고 꿈꾸고 준비한, 공부하는 집 '여백서원'. 그 건물이 완성되어 서울 셋집과 학교 연구실에 쌓인 책들을 조금씩 작은 트럭에 실어 날랐다. 연구실은 책으로 뒤덮였던 바닥이 처음으로 조금 드러나 보여 인사를 듣는 좋은 상태가 되었고, 학교 가까이 있던 작은 셋집은 아주 떠났다. 전세 보증금을 빼서 서원을 지었기 때문이다. 그러나 여주에서 서울까지 매일 통근을 한다는 것이 가능한 일일까, 두렵다.

그래도 기운을 내본다. 나는 겁이 많아서 토끼띠가 그냥 토끼띠가 아니고 겁토끼띠라고 하는데 우리 선생님은 나보고 늘 이러신다. "덜덜 떨면서도 하고 싶은 일은 다하지." 그렇기도 한 것 같다. 꼭 해야겠다는 일은 하는데 그 대신 다른 일은 전혀 못한다. 아마도 해야겠다 싶은 일이, 내 자신의 유익을 구하는 일은 대체로 아니었기 때문에 덜덜 떨면서도 해낸 것 같다. 그러니 이번에도 해내기를 바랄 뿐이다. 또 고단하겠지만 어쩌겠는가. 사람이 다 가질 수는 없는 바에야, 하나를 얻으면 또 버려야 할 것도 하나 있기 마련 아니겠나 생각하며 즐겁게 오갈 생각이다.

여러 사람을 위한 집을 짓는 것은 오래 생각한 일이다. 아끼는 제자들이 많아서, 그 품은 뜻을 내가 아끼는 사람들이 많아서, 나는 그들이 너무 생활에만 부대껴 마모되지 않기를 바란다. 그래서 그들이 가끔은 책도 읽고 쉬기도 하며 자신을 추스르고, 함께 이야기도 나누고, 뜻도 새롭게 할 작은 터를 일구고 싶다는 생각을 참으로 오래 해왔다. 그래서 일을 벌였다. 곰곰이 생각해보면 세상에서 받은 것이 참 많아서, 나도 세상을 위해 뭔가 작은 일이라도 해서 감사를 표하고 싶었다.

여러 사람을 위한 그런 집을 짓는 거야 좋지만 노후 걱정도 좀 해야 하는 것 아니냐고 걱정해주는 사람들이 많다. 이제 아주 빈손이 되어버린 나 자신도 아주 불안하지 않을 수는 없고, 무엇보다 내 아이들한테 미안하다. 남들은 자녀 뒷바라지며 혼사 등등에다 많은 힘을 쏟는데……. 지금까지 그래왔으니 앞으로도 제 힘으로 살아가리라고 생각한다. 내가 덜컥 무슨 일인가를 저질러 그 애들을 괴롭히지 않기만 바랄 뿐이다.

어찌 보면, 제아무리 좋은 생각과 뜻이라 하여도 결국은 자기 생각밖에 할 줄 모르는 어미를 그래도 이해하고 격려와 지원을 보내는 내 아이들이 고마울 뿐이다.

여백서원은 여러 사람을 위한 집이지만 물론 내 집이기도 하다. 이곳에서 서원지기를 하는 것이 나의 마지막 직분이 될 것이다. 그래서 얼마 안 되는 살림 짐을 꾸릴 때는 만감이 오갔다. 아마도 거의 확실하게 마지막 이사일 것 같아서였다. 맨손으로 시작한 살림을 평생 살려니 얼마나 많은 이사를 했겠는가. 하지만 이제 더는 안 할 것 같다.

그런데 마지막 거처에는 무얼 가지고 가야 하나. 무얼 버리지를 못하는 성격인 데다가, 특히 선물을 받은 것이거나 하면 더더욱 못 버려서 얼마 안 되는 짐 모두에 추억이 잔뜩 묻어 있다. 집 꾸릴 때쯤 문득 찾아온 옛 제자 하나가 작은 쿠션 하나를 가리키며 "선생님, 이거 제가 만들어 드린 건 줄 아세요?" 했다. "그러니 여직 여기 있지" 하며 생각해보니 20년 전 일이다. 그사이 나는 근무하는 학교도 옮겼고, 집은 정말이지 헤아릴 수도 없이 옮겼다.

쿠션을 만들었던 소녀도 이제 의젓한 중견 사회인이 되어 있다. 그 작은 쿠션을 서원의 내 방 책꽂이 앞, 눈에 잘 보이는 곳에다 놓았다. 이제 얌전히 놓여 있는 그 작은 쿠션을 바라보노라니 지나간 한 시절이, 그때는 험했건만, 이제는 곱게만 거기 머물러 있는 것 같다.

　　이삿짐에 묻어나온 것 중 아마도 가장 낡았던 건 먼지가 잔뜩 묻은 연 두 개였다. 색색깔 천을 무지개처럼 잇고 기다란 꼬리도 색색깔로 달아 원래는 무지개처럼 고운 연이었는데, 어디에 들어 있다가 나왔는지 살이 하나 부러지고 무지갯빛에는 때가 끼여 있었다. 종이 연이 아니고 합섬섬유로 만든 것이라 물에 넣어 씻어보니 원래 색깔이 곧바로 살아났다. 그 고운 연을 서원의 야트막한 기와담장에다 꼬리 길이대로 펴서 널어놓고, 쨍쨍한 햇볕 속에서 그것이 다 마를 때까지 한나절을 두고 바라본다. 만감을 교차시키는 작은 물건.

　　아이들이 아주 어렸을 때 그 애들을 제법 오래 두고 멀리 가 있어야 하는 상황이 있었다. 아이들이 보고 싶어 눈앞이 흐려지고 현기증이 나곤 하던 그때, 나는 아이들을 위한 고운 책이 있으면 사고, 고운 물건이 있으면 또 샀다, 수중에 밥값이 남아 있든 없든. 색동꼬리연은 그때 샀던 것이다. 나중에 내 아이들이, 북적이는 서울 어느 한 귀퉁이에다 그 연을 띄웠는지, 내가 바랐듯 그 애들이 기쁨과 행복의 한순간을 누렸는지 어쩐지는 이제 기억에 없다. 그 연을 살 때의 저리고 간절하던 마음만 선연히 남아 있다.

　　아이들에게 남들처럼 무얼 잔뜩 해주거나 가르치거나 하지 못했다. (내 아이들은 외롭게, 심심해하며 자랐다. 나름대로 머리를 짜서 혼자서, 또 가끔은 친구들과 놀며, 책을 읽으며 다 자랐다.) 아이들 생각만 하면 늘 미안한 마음뿐이지만, 그래도 생각해본다. 그 미안함과 간절함이 아이들과 나를 묶어주지 않았나, 그 마음이 말없이 전해져 아이들이 일찍 철들지 않았나 싶다.

　지금 쨍쨍한 햇볕에서 마르고 있는 저 색동꼬리연 같은 작은 물건에도 그런 마음이 농축되어 묻어 있는 것 같다. 저 작은 것이 우리를 여기 있게 하는 것, 사랑과 어쩌면 행복의 작은 징표인 것도 같다. 어딘가 슬픔이 어려 있지 않은 행복이 저리 고울 리 없을 것 같다는 맥락 없는 생각도 든다. 저 작은 물건, 색동꼬리연은 여백서원 귀중본실에다 넣을 생각이다.

저 작은 것이 우리를 여기 있게 하는 것,
사랑과 어쩌면 행복의 작은 징표인 것도 같다.
어딘가 슬픔이 어려 있지 않은 행복이
저리 고울 리 없을 것 같다는 맥락 없는 생각도 든다.

달맞이꽃 핀 밤

보름달이 떴다. 뜨기는 했는데 엷은 구름과 옅은 안개에 가려져 있다. 그러지 않았으면 '대낮'처럼 환하련만. 캄캄한데도 머리가 좀 아프던 터라 밖으로 나서서 조금 걷는다.

걷다가 문득, 어둠 속에서 한 가닥 향내가 코를 스친다. 내가 좋아하는 산목련 향기 같았다! 그런데 산목련 필 철은 지난 지 벌써 오래이다. 혹시 철을 잊고 어느 나무가 그 희고 향기로운 꽃을 피운 것일까. 어두운데도 두리번거린다. 흰 꽃이라 어둠속이어도 어렴풋이 보이련만 그렇지 않았다. 한참을 향기의 진원을 찾다가 알았다.

매일 보는 길섶의 한 무더기 달맞이꽃이었다! 길섶 어디

나 나 있는 잡초 같은 꽃. 그 꽃이 밤에 피는 줄은 알았다. 그렇지 않고야 이름이 달맞이꽃이겠는가. 멀뚱히 키 큰 줄기만 있을 뿐, 낮에 꽃이 피지 않으니 예쁠 수도 없다. 그런데 보이지 않게 피는 그 꽃이 이런 은은하고 깊은 향기까지 내다니!

그 옅은 노란빛 꽃은 아주 작은 등불처럼 캄캄한 어둠 속에 켜져 있었다. 큰 별들이 길섶에 쏟아져 내린 것 같았다. 알 수 없는 감동이 마음을 뒤흔들었다. 어둠 속에서 자그마한 꽃등을 켜고 이리 향기롭기까지 하다니.

아름다운 기다림 같은 이 꽃들 앞에 오래 서 있었다.

젊은 날, 늘 눈앞이 캄캄했다. 세상이 온통 어둠이었다. 무엇을 향한 것인지 알 수 없는 기다림으로 괴로웠다. 그저 괴로웠을 뿐 한 치 앞이 보이지 않았다. 언제 내가 저 아득한 어둠을 헤쳐갈 수 있으리라고는 생각도 할 수 없었다. 그런데 이제야 이 소박한 꽃 앞에서 이런 생각이 든다. 젊은 날 그렇듯 세상이 캄캄했던 것은 내가 그 어둠을 헤쳐서 갈 곳이, 가야 할 곳이 있기 때문이 아니었을까. 그래서 그만큼 힘껏 살아온 것 아닐까.

하는 일, 해야 하는 일 그 무엇 한 가지도 소홀히 할 수 없었다. 일 한 가지라도 반듯하게 하면 그게 나를 바로 세우는 일 아닐까 싶어서였다. 하는 일이 다 반듯하게 되기야 했으랴마는, 그나마를 위해서 그야말로 죽을 듯 살아왔다는 느낌이다.

오래 어둠 속에 서 있는다. 어둠 속에 반딧불 하나가 떠다니고 있다. (이곳에는 아직 반딧불이 살아남아 있다!) 가난한 옛 선비는 저 불빛을 모아 그 빛으로 글을 읽었다는 이야기가 떠오른다. 가만가만 날아다니는 반딧불이, 내게 나직이 묻고 있는 것 같다.

"형설의 공 — 쌓았는가?"

돌아오다가 다시 가서 그 향기로운 달맞이꽃 한 가지를 꺾어 들고 온다. (꽃대 하나에 자잘한 꽃이 몇 개나 피어 있다.) 내 작은 방이 향기로 가득하다. 향기 속에서 행복하게 잠이 들었다.

아침에 보니 방 안을 향기로 채워놓은 채 꽃은 지고 꽃자루만 남아 있다. 그런데 꽃자루 하나가 조금 더 굵어 보이기에 자세히 들여다보니 꽃자루가 아니고 벌레였다. 꽃자루 시늉을 하고 있는 초록벌레였다. 조금 징그러운 생각이 들고 꽃도 졌기에 내다버릴까 하다가 그냥 둔다. 지난 한 밤 내 방을 향기로 채워준 데 대한 나름의 답례가 있어야 할 것 같아 조금 더 두고 보기로 한다.

그런데 저녁때 보니 벌레 모습이 훨씬 더 두드러져 보인다. 화병째 창문 밖 마루에 내다두었다. 어디든 가고 싶은 곳으로 가라고. 다시 보니 벌레는 어딜 가지 않고 그대로인데 놀랍게 커져 있다.

다음 날 아침에는 엄청나게 커지고 색깔마저 갈색으로 변해 있다. 꽃의 무얼 받아먹어서 하루 사이에 저렇듯 커졌을까.

그 징그럽게 큰 모습으로 벌레는 아직도 그사이 말라버린 달맞이꽃 대에 매달려 있다.

아마도 큰 나비가 나올 것 같다. 아주 크고 아름다운 호랑나비이거나 왕제비나비일 것 같다. 저 향기로운 꽃의 수액에 의지하여 살았으니 좀 아름다우랴.

어둠 속에는 저렇듯 어느 하룻밤 동안 달빛 속에 향기로운 꽃이 될 것을 위해 제 몸에 향기를 담아가는 것도 있고, 또 그 꽃에 의지하여 언젠가 하늘로 날아갈 제 몸을 키우는 것도 있다. 그리고 그런 고요히 어울려 있는 삶의 이치들을 이 어두운 들길에서 이제야 내가 조금씩 깨우치고 있다.

다시 생각해 본다. 어둠이 사람에게는 울고 몸부림치라고만 있으랴. 긴 기다림으로, 견딤으로 내 삶에도 조금 향기가 배였다면 얼마나 좋을까. 향기롭기까지 할 리야 없지만, 내 자신에게 혹시 어떤 양질良質의 한 부분이 있다면 그것은 분명 다스려온 긴 기다림, 견뎌온 어둠의 덕인 것 같다.

어둠 속에는 저렇듯 어느 하룻밤 동안
달빛 속에 향기로운 꽃이 될 것을 위해
제 몸에 향기를 담아가는 것도 있고,
또 그 꽃에 의지하여 언젠가 하늘로 날아갈
제 몸을 키우는 것도 있다. 그리고 그런 고요히
어울려 있는 삶의 이치들을 이 어두운 들길에서
이제야 내가 조금씩 깨우치고 있다.

젊은 날, 늘 눈앞이 캄캄했다. 세상이 온통 어둠이었다.
무엇을 향한 것인지 알 수 없는 기다림으로 괴로웠다.
그저 괴로웠을 뿐 한 치 앞이 보이지 않았다.
언제 내가 저 아득한 어둠을 헤쳐갈 수 있으리라고는 생각도 할 수 없었다.
그런데 이제야 이 소박한 꽃 앞에서 이런 생각이 든다.
젊은 날 그렇듯 세상이 캄캄했던 것은
내가 그 어둠을 헤쳐서 갈 곳이, 가야 할 곳이 있기 때문이 아니었을까.
그래서 그만큼 힘껏 살아온 것 아닐까.

인생을 배우다

1판 1쇄 인쇄 2025년 11월 5일
1판 1쇄 발행 2025년 11월 12일

지은이 전영애
펴낸이 고병욱

기획편집1실장 윤현주 **기획편집** 신민희
마케팅 황혜리 황예린 권묘정 이보슬 **디자인** 공희 백은주
제작 김기창 **관리** 주동은 **총무** 노재경 서대원 송민진

펴낸곳 청림출판(주)
등록 제2023-000081호

본사 04799 서울시 성동구 아차산로17길 49 1010호 청림출판(주)
제2사옥 10881 경기도 파주시 회동길 173 청림아트스페이스
전화 02-546-4341 **팩스** 02-546-8053

홈페이지 www.chungrim.com **이메일** cr1@chungrim.com
인스타그램 @chungrimbooks **블로그** blog.naver.com/chungrimpub
페이스북 www.facebook.com/chungrimpub

ⓒ 전영애, 2025

ISBN 978-89-352-1495-2 03810

※ 이 책은 저작권법에 따라 보호를 받는 저작물이므로 무단 전재와 무단 복제를 금합니다.
※ 책값은 뒤표지에 있습니다. 잘못된 책은 구입하신 서점에서 바꾸어 드립니다.
※ 청림출판은 청림출판(주)의 경제경영 브랜드입니다.